MITOLOGIA NORDYCKA

Mitologia Kosmiczna

MITOLOGIA NORDYCKA

Podróż do serca nordyckich mitów, aby odkryć bogów, bohaterów i potwory kultury nordyckiej

Copyright © 2024

Zawartość

Wprowadzenie

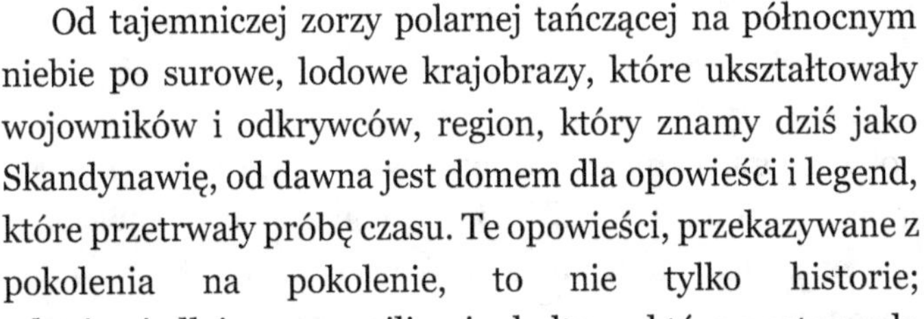

Od tajemniczej zorzy polarnej tańczącej na północnym niebie po surowe, lodowe krajobrazy, które ukształtowały wojowników i odkrywców, region, który znamy dziś jako Skandynawię, od dawna jest domem dla opowieści i legend, które przetrwały próbę czasu. Te opowieści, przekazywane z pokolenia na pokolenie, to nie tylko historie; odzwierciedlają one cywilizację, kulturę, która postrzegała świat przez pryzmat sił natury, boskich stworzeń, epickich bitew i poszukiwań chwały. Witamy w fascynującym świecie mitologii nordyckiej.

Mitologia nordycka, bogata i różnorodna, jest dziedzictwem germańskich ludów północy, głównie tych, których znamy jako Wikingów i Skandynawów. Wikingowie nie byli bezwzględnymi barbarzyńcami, jak często przedstawia się ich w tekstach historycznych, lecz gawędziarzami, artystami, rzemieślnikami, a przede wszystkim istotami ludzkimi pragnącymi zrozumieć swoje miejsce w świecie pełnym cudów, niebezpieczeństw, piękna i przeciwności.

Ta książka zabierze Cię w podróż przez złożony i urzekający świat bogów i bogiń, nieustraszonych bohaterów, fantastycznych stworzeń i sag, które ukształtowały wizję świata ludzi. Zaczynamy od zbadania mistycznych początków nordyckiego wszechświata, miejsca, w którym pustka obejmuje potencjał, gdzie lodowe olbrzymy kroczą obok pierwszych istot, a przeznaczenie wydaje się tak nieubłagane jak surowe zimy.

Mitologia nordycka to subtelny splot brutalnego realizmu i wysublimowanej poezji, świat, w którym bóstwa dalekie są od bycia odległymi, bezcielesnymi postaciami. Widać w nich ludzkie emocje, wady i często zaskakujący humor. Poznasz Odyna, Ojca Wszystkiego, boga mądrości i wojny, który poświęcił własne oko dla wiedzy. Staniesz u boku Thora, grzmiącego obrońcy bogów i ludzi, którego młot, Mjölnir, stał się jednym z najbardziej rozpoznawalnych symboli siły i determinacji. I oczywiście poznamy opowieści o Lokim, nieuchwytnym duchu psot, którego sztuczki i oszustwa często wystawiały bogów na próbę.

Poza panteonem bóstw, mitologia nordycka obfituje w enigmatyczne stworzenia i legendarne potwory, od mackowatych węży morskich po dzikie wilki, których przeznaczeniem jest pochłonięcie słońca. Historie te rezonują z głębokim szacunkiem dla sił natury, odzwierciedlając czasy, w których człowiek często był zdany na łaskę nieprzewidywalnych żywiołów.

Ta podróż byłaby niekompletna bez zastanowienia się nad bohaterami i legendami, nieśmiertelnymi postaciami, takimi jak Sigurd, pogromca smoków, czy dzielne Walkirie, które wybrały tych, którzy umrą i przeżyją w bitwie. Postacie te symbolizują wartości najdroższe ludom nordyckim:

odwagę w obliczu przeciwności losu, honor w obliczu rozczarowania i wytrwałość w obliczu nieuniknionego.

Na koniec zagłębiamy się w epickie sagi, te pamiętne opowieści o tragedii, zdradzie, miłości i poświęceniu. Ragnarök, przepowiedziany koniec czasu, oznacza nie tylko zniszczenie, ale także regenerację, wieczny cykl śmierci i odrodzenia, który odzwierciedla surową rzeczywistość życia w regionach nordyckich.

Mitologia nordycka jest zwierciadłem, w którym wciąż możemy zobaczyć siebie, oferując lekcje odporności, pokory i ciągłego poszukiwania odwagi i mądrości. Odwracając te strony, zapraszamy do zatracenia się w tych starożytnych opowieściach, aby poczuć siłę burz, dreszcz bitwy i głębokie człowieczeństwo, które łączy te mity na przestrzeni wieków. To przygoda jak żadna inna, dziedzictwo opowieści, które przetrwały próbę czasu, uchwyciły istotę ludzkiej egzystencji w całym jej tragicznym pięknie i triumfalnym blasku.

Przygotuj się na wejście do świata, w którym legendy ożywają, gdzie mity oddychają i szepczą swoje sekrety tym, którzy są gotowi ich słuchać. Witamy w nieśmiertelnej odysei mitologii nordyckiej.

Twoja opinia się liczy!

*Gdy skończysz tę książkę, podziel się
swoją opinią na Amazon.*

*Twoja opinia będzie przydatna dla
przyszłych czytelników.*

*Z niecierpliwością czekam, aby zobaczyć,
jak ta książka wpłynęła na ciebie.*

*Z góry dziękujemy za udział i życzymy
miłej lektury!*

CZĘŚĆ I: POCZĄTKI ŚWIATA

PIERWOTNA PUSTKA: GINNUNGAGAP

Początek w nicości

W cichej ciemności znajdowała się otchłań, pusta przestrzeń tak rozległa i głęboka, że żadne słowa nie były w stanie jej opisać. Nie była to ani czarna jak smoła, ani przytłaczająca pustka, ale raczej obiecująca nicość, przestrzeń między światami, między czasem, między substancją a niesubstancjalnością. Starożytni Nordowie nazywali tę przestrzeń Ginnungagap: ziejącą otchłanią, miejscem przed wszystkim. Przed chaosem, przed kosmosem, przed rozdzieleniem się żywiołów i pierwszym oddechem życia, istniała Ginnungagap. Był to cichy prolog wszystkiego, co miało nadejść, pierwsza pusta strona w księdze wszechświata.

Wyobraź sobie rzeczywistość przed światłem i materią, przed niebem i ziemią, przed myślą i oddechem. W Ginnungagap nie było góry ani dołu, nie było punktu odniesienia w tej nieskończoności. Nie było ciepła ani zimna, nie było światła ani ciemności, ponieważ te pojęcia należały do ustrukturyzowanego świata, a tutaj nie było takiej struktury. Był to niebyt, pozbawiony formy, dźwięku czy koloru, pustka przed początkiem i poza skończonością, doskonała, niezmącona cisza.

A jednak, pomimo swojej pustki, Ginnungagap szeptał obietnice. Nie była końcem, lecz preambułą, nieskończonym potencjałem zawieszonym w doskonałej równowadze. W jego pustce leżała największa ze swobód: możliwość stawania się, niewykorzystane płótno przyszłej rzeczywistości. Nie było jeszcze żadnych historii, ale było miejsce na nieskończoną ich liczbę, czekających na pierwszy dotyk istnienia, który pobudzi do tkania epickich opowieści, tragedii i radości, bitew i miłości.

Z tej nieobecności, z tego pustego płótna, narodziły się możliwości. Bo Ginnungagap, w swojej ciszy, nie było bezwładne. Pulsowała potencjałem wszystkiego, co nigdy nie mogło być, zawierając w swoim bezmiarze równowagę, która wkrótce miała zostać naruszona, ponieważ nawet nicość nie mogła istnieć bez swojego przeciwieństwa. Było to starożytne prawo, prawda, której nawet bogowie nie mogli zmienić: aby coś istniało, musi istnieć również jego przeciwieństwo. Pustka domagała się zapełnienia, cisza przerwania, a w głębi Ginnungagap zaczął wibrować pierwszy szmer zmian.

Nie był to hałas, ponieważ nie było tam nikogo, kto mógłby go usłyszeć. To nie był ruch, ponieważ nie było tam nic do poruszenia. To był pomysł. Była to pierwsza, najmniejsza możliwość, że pustka może wcale nie być pustką. To było nagłe uświadomienie sobie, że nawet absolutna nicość była czymś, pojemnikiem na wszystko, co jeszcze nie istniało. Wraz z tą świadomością pojawiła się pierwsza z dwoistości: jeśli Ginnungagap była pustką, to gdzieś musiało istnieć niepuste. Nieistnienie implikowało istnienie. Nicość niosła ze sobą konieczność wszystkiego.

I tak, w tej pierwotnej pustce, narodził się oddech, początkowo niezauważalny, potem coraz bardziej obecny. Przez Ginnungagap przebiegł dreszcz, uczucie, pierwszy dreszcz przedświadomości. Był to początek końca nieobecności, początek świata materii, energii, życia i historii.

Wyłonienie się wszechświata z Ginnungagap jest potężną metaforą kondycji ludzkiej. Wszyscy zaczynamy jako potencjały, istoty bez formy, bez historii i jesteśmy napędzani przez siły, których nie rozumiemy, aby stać się czymś więcej. Ginnungagap reprezentuje te ciche chwile przed samokreacją, zanim wypełnimy nasze życie historiami, miłościami, tragediami i triumfami. To przypomnienie, że w pustce tkwi nieskończony potencjał i że nic jest po prostu inną formą wszystkiego.

Siły życia i śmierci

W sercu Ginnungagap, gdzie cisza była najgłębsza, zaczęto odczuwać niedostrzegalną zmianę. Jeśli nicość była ojcem pustki, to wkrótce miała wydać na świat swoje pierwsze dzieci, kosmiczne bliźnięta istnienia: życie i śmierć. Siły te nie były bytami, nie w tym sensie, w jakim byśmy je rozumieli, ale raczej prądami, fundamentalnymi zasadami, na których sam wszechświat zostanie zbudowany.

W mitologii nordyckiej siły te są często uosabiane w majestatycznych postaciach, ale ich prawdziwa natura jest znacznie bardziej abstrakcyjna. Istniały zanim bogowie wzięli swój pierwszy oddech, zanim gwiazdy zawisły na niebie, zanim jeszcze powstały pojęcia "nieba" i "ziemi". Byli biciem serca kosmosu, podstawowymi pływami Ginnungagap.

Na początku życie było szeptem, zaledwie sugestią, że coś może istnieć. Wkradało się w nicość, delikatna, uporczywa melodia, która mówiła o wzroście, zmianie, ewolucji. Było impulsem, naciskającym na granice możliwości, nalegającym, by pojawiło się coś nowego. Życie było obietnicą, potencjalnością, pierwszą iskrą nadziei, która przetoczyła się przez pustkę, próbując zapuścić korzenie.

Śmierć, z drugiej strony, była ciszą po nucie, odpoczynkiem, który następuje po wysiłku. Nie była okrutna; była absolutna, przypominała, że wszystko ma swój koniec. Śmierć była równowagą, niezbędnym odpowiednikiem życia. Bez niej życie byłoby pozbawione granic, struktury, sensu. Śmierć była deklaracją, że każda historia ma zakończenie, że każdy taniec ma ostatnie ruchy. Była łabędzim śpiewem, pięknym i melancholijnym, ostatnim westchnieniem światła, gdy dzień ustępuje miejsca nocy.

Siły te nie były w stanie wojny, przynajmniej jeszcze nie teraz. Prowadziły dialog. Życie mówiło "pchaj", a śmierć odpowiadała "odpuść". Życie mówiło "sięgnij", a śmierć szeptała "puść". Była to równowaga, delikatna wymiana w ciemności, taniec równowagi i możliwości.

Z ich wymiany zaczęły kształtować się pierwsze odcienie świata. Tam, gdzie życie dotykało Ginnungagap, pojawiały się wstrząsy koloru i światła, iskry tworzących się gwiazd, odłamki tego, co pewnego dnia może stać się galaktykami. Tam, gdzie śmierć wyciągnęła rękę, panował spokój, który nie był pusty, ale pełen obietnicy odpoczynku, pewności, że koniec jest przejściem, a nie zakończeniem.

To był kosmiczny balet, celebracja skrajności. W tej przestrzeni między światami działo się coś pięknego. Nie było jeszcze bogów, którzy mogliby podziwiać ten splendor, ani śmiertelników, którzy mogliby go opłakiwać, ale to wystarczyło. To był Wszechświat, który poznawał samego siebie, aby zrozumieć, czym może się stać.

Życie i śmierć, w swojej interakcji, zaczęły tkać życie, które dopiero zaczynamy rozumieć, nawet dzisiaj. Utorowały one drogę dla wszystkich przygód, tragedii, komedii i romansów, które miały rozwinąć się w Dziewięciu Światach. Były pierwszymi nutami symfonii, która miała stać się okrzykiem wojennym dla wojowników, pieśnią miłosną dla kochanków, szeptem pocieszenia dla tych, którzy mieli odejść.

Pierwotny olbrzym i krowa matka

W mglistej ciemności Ginnungagap, gdzie intensywne zimno Niflheimu spotkało się z palącym upałem Muspelheimu, pojawiła się forma życia, która była tak stara jak sam czas. Był to Ymir, pierwotny olbrzym, zrodzony z lodu i ognia, chaosu i nicości. Jego przebudzenie oznaczało początek ery, pierwsze uderzenie pulsu stworzenia.

Ymir nie był istotą delikatną ani pełną gracji. Był surowy, złożony z najbardziej pierwotnych elementów, ucieleśnieniem chaotycznych sił, które poprzedziły porządek świata, jaki znamy dzisiaj. Jego ogromne ciało osłaniało doliny i góry, jego oddech tworzył burze, a jego ruchy wstrząsały samą ziemią. Był zarówno odzwierciedleniem niezłomnej siły natury, jak i reprezentacją surowego potencjału, istotą, której istnienie utorowało drogę wszystkiemu, co miało nadejść.

W samotności Ginnungagap Ymir nie był długo sam. Gdy lód stopniał, pojawiła się inna forma, bardzo różna od giganta. Była to Audhumla, krowa-matka, której pełne życia ciało kontrastowało z surową, skalistą posturą Ymira. Tam, gdzie Ymir był zgiełkiem i chaosem, Audhumla była obfitością i troską. Była obietnicą życia w miejscu, które znało tylko pustkę, promykiem nadziei w szarości nicości.

Audhumla, ze swoim odżywczym mlekiem, symbolizowała hojność ziemi, odżywcze wody, które dają i podtrzymują życie. Nakarmiła Ymira, a z tego nieoczekiwanego połączenia nadmiaru i czułości powstał związek, definiujący cykl zależności i regeneracji, który stał się kluczowy dla równowagi przyszłego świata.

Ale krowa-matka też miała swoje potrzeby. Karmiła się blokami solonego lodu, liżąc gładkie powierzchnie z zapałem, który odzwierciedlał ciepło pulsującego w niej życia. I z tego prostego, ale istotnego rytuału wyłoniła się kolejna niespodzianka. Z lodu, ukształtowanego i ogrzanego przez język Audhumli, uwolniła się nowa istota. Był to Buri, przodek bogów, istota o niezrównanym pięknie i sile.

To odkrycie na zawsze zmieniło bieg wydarzeń. Ymir, choć potężny i potężny, niósł ze sobą dzikość początkowego chaosu, niezbędną, ale przerażającą siłę zniszczenia. Buri jednak wprowadził nowy element do tego prymitywnego równania: porządek, piękno, suwerenność. Był obietnicą przyszłości, kontrolą nad chaosem, kierunkiem dla brutalnych sił, które dotychczas definiowały egzystencję.

Współistnienie tych pierwotnych bytów - Ymir, giganta chaosu, Audhumla, pielęgnującego źródła życia i Buri, zarodka porządku i boskości - symbolizowało delikatną równowagę. Ich interakcje odzwierciedlały przyszłe walki, sojusze i zdrady, które ukształtują historię dziewięciu światów.

Te wczesne dni, kiedy giganci stąpali po ziemi, a bogowie wciąż byli jedynie iskrami na firmamencie, były dniami zdumiewających odkryć i nieskończonych możliwości. Każdy oddech był stworzeniem, każde spojrzenie nowym światem marzeń w ogromnej pustce. Poniższe legendy są czymś więcej niż tylko opowieściami; są przypomnieniami. Opowiadają o czasach, gdy wszystko było możliwe, gdy tworzenie nie było aktem, ale procesem, delikatnym tańcem między siłami, które dopiero zaczynamy rozumieć.

Pojawienie się życia

To właśnie w tej atmosferze kontrastów i konfrontacji badamy największy paradoks ze wszystkich: powstanie życia z niczego.

Dzięki Ymirowi i Audhumli Ginnungagap nie było już jałową pustką. Było to miejsce możliwości, gdzie życie trzymało się z zaciekłą determinacją. Audhumla, boska krowa, ucieleśniała tę płodność, tę obietnicę odnowy. Jej mleko karmiło Ymira, a z niej narodziła się pierwsza rodzina gigantów. Byli szorstcy, jak ich przodkowie, stworzeni z tego samego surowca, który wypełniał pierwotną otchłań.

Nie była to jednak spokojna egzystencja. Narodziny gigantów przyniosły niezgodę, echo chaosu, z którego się wywodzili. Byli nieporządkiem w świecie poszukującym porządku, ciągłym przypomnieniem walki niezbędnej do stworzenia. I być może było nieuniknione, że ta walka stanie się otwartym konfliktem, wojną o kształt wszechświata.

Życie pojawiło się w sposób, który niewielu mogło przewidzieć. Jak widzieliśmy, Audhumla, nieustannie poszukując pożywienia, polizała słone kamienie Ginnungagap. Ujawniła w lodzie inną istotę, Buriego, który nosił w sobie nowy rodzaj mocy. Nie był to dziki chaos Ymira ani pielęgnująca płodność Audhumli. Był to porządek, suwerenność, obietnica tego, co może być, a nie tego, co było. Z Buri pochodził Borr, a z ich rodu wywodzili się pierwsi bogowie, Æsir, na czele z potężnym Odynem.

Te nowe bóstwa nie były zadowolone z koegzystencji z gigantami. Widziały inny potencjał, szansę na ukształtowanie Ginnungagap w coś większego. Było to pragnienie stworzenia, ale to stworzenie wymagało zniszczenia. Zwrócili się więc przeciwko Ymirowi, gigantowi, z którego wszyscy, w taki czy inny sposób, się wyłonili.

Bitwa, która nastąpiła, była przerażająca. Æsirowie walczyli z siłą zmiany, palącym pragnieniem zaprowadzenia nowego porządku. Ymir, mimo całej swojej potęgi, upadł, a jego ogromne ciało stało się materią świata. Jego kości utworzyły góry i doliny, jego krew jeziora i oceany, jego ciało ziemię, a jego rzęsy granice między światami. Z jego zniszczenia powstała struktura wszechświata, jaką znamy.

Był to akt przemocy, ale także akt głębokiej kreacji. To były prawdziwe narodziny życia, nie jako zwykłej egzystencji, ale jako dynamicznego procesu zmian i wzrostu. Giganci nie zniknęli, podobnie jak chaos, który reprezentowali. Pozostali na marginesie nowego porządku, stanowiąc ciągłe wyzwanie dla bogów i być może niezbędne przypomnienie o kruchości istnienia.

Ta historia powstania życia jest więc także historią poświęcenia i konfliktu. Przypomina nam, że tworzenie nie jest bezbolesne, że porządek wymaga ciągłego wysiłku przeciwko chaosowi. Ale przede wszystkim mówi o możliwościach, o pięknie wyłaniającym się z głębin Ginnungagap, o życiu kwitnącym tam, gdzie nie było nic. To świadectwo siły woli, mocy ambicji i niezaprzeczalnej wartości zmian. W mitologii nordyckiej życie, w całej swojej złożoności i sprzeczności, jest aktem triumfu w obliczu przeciwności losu, cudem zrodzonym z najbardziej fundamentalnej walki ze wszystkich.

NARODZINY DZIEWIECIU ŚWIATOW

Kosmiczny porządek Yggdrasila

W chaosie, który nastąpił po upadku Ymira, sam kosmos zdawał się szukać wyjścia z chaosu. Był to czas wielkich wstrząsów, kiedy najmniejsze życzenie stało się iskrą, rozpalającą ogień stworzenia. To właśnie z tej kosmicznej pożogi zaczął wyłaniać się porządek, uosabiany przez imponujący Yggdrasil, Drzewo Świata, którego korzenie rozciągają się na znane i nieznane rzeczywistości.

Yggdrasil nie był zwykłym drzewem. Jego obecność łączyła dziewięć światów, służąc jako kosmiczny filar w strukturze wszechświata. Wyobraź sobie ogromne jesionowe drzewo, tak rozległe, że jego gałęzie sięgają po horyzont, przekraczając granice naszej percepcji. Jego baldachim prawie dotyka gwiaździstego nieba, a korzenie sięgają głęboko w mroczne krainy, gdzie znajdują się prawdy, które niektórzy woleliby ukryć.

Kosmiczny porządek Yggdrasil nie przypominał niczego, co istniało wcześniej. Nie była to reguła narzucona przez bóstwo, ale raczej naturalna harmonia, równowaga między przeciwstawnymi siłami, które wcześniej doprowadziły do zniszczenia Ymir. Każdy świat znalazł swoje miejsce wokół Drzewa Świata, jego korzenie odżywiały ich istnienie, a w zamian ich energia podtrzymywała rozległą sieć Yggdrasil.

We wszechświecie, w którym magia przenikała każdy powiew wiatru i każdą kroplę rosy, Yggdrasil nieustannie przypominał o stabilności pośród chaosu. Jego gałęzie podtrzymywały niebiosa, zapobiegając ich zawaleniu się na ziemie poniżej. Jego korzenie, rozciągające się przez światy, zapobiegały dryfowaniu tych królestw w ciemności zapomnienia. A w centrum tego wszystkiego drzewo wspierało samą ziemię, chroniąc ją przed siłami, które chciałyby ją zniszczyć.

Ale Yggdrasil był czymś więcej niż tylko strukturą. Pod wieloma względami był żywą istotą. Stworzenia z każdego królestwa znajdowały schronienie w jego gałęziach i korzeniach. Sami bogowie często odwiedzali drzewo, znajdując mądrość i radę wśród jego szepczących liści. Mądry Ratatoskr, wiewiórka posłaniec, biegała wzdłuż pnia

Yggdrasila, przenosząc słowa między wielkim orłem na jego szczycie a wężem Nidhoggiem gryzącym jego korzenie w głębinach poniżej.

Istniały również Norny, tajemnicze istoty o nieobliczalnej mocy, tkające przeznaczenie u podstawy Yggdrasil. Wprowadziły one równowagę i porządek w chaotycznym przepływie czasu i wydarzeń, wykorzystując święte strumienie do odżywiania drzewa wodami przeznaczenia, zapewniając, że jego wpływ pozostanie silny przez wieki.

Jednak pomimo całej swojej mocy i mądrości, Yggdrasil nie był pozbawiony cierpienia. Dźwigał brzemię wszystkich światów, odczuwając ich ból tak, jakby był jego własnym. Owady gryzły jego liście, a mroczne siły starały się zniszczyć jego korzenie. Był to niekończący się cykl wzrostu i bólu, życia i śmierci, odzwierciedlający podróż każdej żywej istoty.

Drzewo Świata pokazuje nam, że wszystko jest ze sobą połączone, że każde działanie ma reperkusje na całym świecie. W jego gałęziach widzimy nieskończone możliwości, a w jego korzeniach rozumiemy, że nawet w najgłębszej ciemności jest światło.

Asgard, Midgard i nie tylko

W wielkim kosmosie podzielonym przez Yggdrasil, Drzewo Świata, istnieją odrębne krainy, z których każda jest domem dla różnych form życia i tajemnic. Wśród tych światów Asgard, Midgard i krainy poza nimi odgrywają szczególną rolę w mitologii nordyckiej.

Asgard, lśniący, leży na szczycie wszechświata, dostępny tylko przez Bifröst, tęczowy most strzeżony przez czujnego Heimdalla. Świat ten jest domeną Aesir, frakcji bogów i bogiń. Ich domy są wykonane ze złota i srebra, a w centrum tego błyszczącego królestwa znajduje się Valhalla, ogromna sala, w której Odyn wita dusze poległych wojowników. Każdego dnia ci wojownicy ćwiczą swoje umiejętności walki, przygotowując się do Ragnarök, przewidywanego końca świata. Asgard to miejsce wielkości i odwagi, ale także tragedii, ponieważ nawet te potężne istoty znają los, który ich czeka.

Poniżej Asgardu, połączony z tym boskim królestwem przez Yggdrasil, leży Midgard. Ten świat jest domem ludzkości, miejscem chronionym przez samych bogów. Ludzie żyją swoim codziennym życiem pod życzliwym spojrzeniem bogów, często nieświadomi sił, które ich otaczają. Jednak Midgard jest również polem bitwy, stale zagrożonym przez gigantów i inne złowrogie stworzenia, co sprawia, że ochrona bogów jest absolutną koniecznością.

Poza tymi światami leżą różne królestwa, z których każde ma unikalną naturę. Przyjrzyjmy się razem dziewięciu światom:

- **Asgard**: Dom Aesirów, głównych bóstw, Asgard jest często uważany za szczyt kosmicznego porządku. Jest to miejsce pełne wielkości i majestatu, w którym mieszkają Odyn, Thor i inni słynni bogowie. Asgard jest również miejscem Valhalli, sali, do której sprowadzani są wybrani wojownicy, Einherjar.

- **Midgard**: Znany jako świat ludzi, Midgard jest ściśle połączony z Asgardem przez Bifrost, tęczowy most. Jest to kraina różnorodności i śmiertelności, kontrastująca ze względną nieśmiertelnością bóstw.

- **Vanaheim**: Dom Vanesów, bogów płodności, mądrości i natury, Vanaheim reprezentuje bardziej pokojowy i dostatni aspekt bóstwa. Vanes są również znani ze swojej zdolności przewidywania przyszłości.

- **Jotunheim**: Kraina gigantów (Jotunów), Jotunheim to terytorium często skłócone z bogami. Giganci są ogólnie postrzegani jako siły chaosu i zniszczenia, chociaż ich związek z Aesir jest złożony i pełen niuansów.

- Niflheim: Najzimniejszy świat, Niflheim to kraina lodu, śniegu i mgły. Często kojarzony ze śmiercią, jest domem dla Helheimu, domeny zmarłych rządzonej przez Hel, córkę Lokiego.

- **Muspelheim**: W bezpośrednim przeciwieństwie do Niflheimu, Muspelheim jest światem ognia i lawy, zamieszkałym przez ogniste olbrzymy i rządzonym przez giganta Surtra. Jest kojarzony ze zniszczeniem, odgrywając kluczową rolę w przepowiedniach Ragnarok.

- **Alfheim**: Dom lśniących elfów, Alfheim jest opisywany jako miejsce o niesamowitym pięknie. Istoty te uważane są za życzliwe i sprawiedliwe, a ich świat kojarzony jest ze światłem i pozytywnością.

- **Svartalfheim**: Często mylony z Nidavellir, jest to świat mrocznych elfów lub krasnoludów, mistrzów rzemiosła odpowiedzialnych za wiele broni i magicznych artefaktów używanych przez bogów.

- **Helheim:** Chociaż czasami uważany za część Niflheimu, Helheim jest miejscem spoczynku dusz, które nie zostały wybrane do Valhalli. Jest to mroczne i smutne, ale niekoniecznie pokręcone miejsce rządzone przez Hel.

Światy te, wraz z ich mieszkańcami i opowieściami, tworzą złożoną sieć mitów i legend. Każde królestwo odgrywa swoją rolę w wielkim planie rzeczy, wpływając na bieg nadchodzących wydarzeń. Razem tworzą kawałki kosmicznej układanki, wszechświat magii, wojny, mądrości i przeznaczenia, który wciąż urzeka i inspiruje, poza bramami Asgardu, na równinach Midgardu i w tajemniczych głębinach światów poza nim.

LOS GIGANTOW

Rywalizacja przodków z bogami

We mgle czasu, zanim światy zostały w pełni uformowane, wyczuwalne napięcie już rosło, tkając tkankę odwiecznej rywalizacji między dwiema kosmicznymi siłami: bogami Aesir z błyszczącego Asgardu i gigantami, znanymi jako Jotuns, z dzikich i chaotycznych krain Jotunheim. Ta niezgoda, daleka od bycia zwykłym kaprysem potężnych, była zakorzeniona w samych podstawach istnienia, predestynowana do kształtowania losów i rozrywania tkanki wszechświata.

Giganci, pierwotne istoty, uosabiają nieokiełznane i często niszczycielskie siły żywiołów. Ich brutalne energie, odpowiedzialne za kataklizmy i dziką magię, były w ciągłej konfrontacji z porządkiem i doskonałością, które starali się narzucić bogowie Aesir. Jotunowie, ze swoją nieprzewidywalną naturą, reprezentowali niezbędny chaos, kontrastujący z regularnością i strukturą Asgardu. Byli burzą, która przeciwstawia się górze, ciemnością, bez której światło nie może świecić.

Rywalizacja ta była jednak nie tylko walką o władzę czy dominację; symbolizowała również szerszy cykl, cykl tworzenia i niszczenia, niezbędny do regeneracji kosmosu. Bogowie i giganci, choć wrogowie, byli nierozerwalnie związani tym cyklem, a każda ze stron odgrywała rolę w wielkim eposie istnienia.

Mity opowiadają o tym, jak bogowie, dążąc do stabilności, często musieli radzić sobie z gigantami, używając podstępu, siły, a nawet dyplomacji. Rzadko kiedy te interakcje nie przeradzały się w konflikt, ponieważ każde spotkanie było iskrą w kosmicznej beczce prochu. A jednak, pomimo ich antagonizmu, więzi były czasami tworzone, dając początek efemerycznym sojuszom, a nawet historiom miłosnym, których owocami były czasami istoty o niezwykłych mocach.

Jedną z najbardziej emblematycznych historii tej odwiecznej wrogości jest ta o budowie murów Asgardu...

Budowanie murów Asgardu

Był czas, gdy Asgard, lśniące królestwo bogów, nie był chroniony ani przez mury, ani przez fortyfikacje. Była to era naiwnej pewności siebie, kiedy bogowie nie dostrzegali skali zagrożenia ze strony gigantów i stworzeń z mrocznych światów. Jednak ta beztroska postawa została wkrótce zachwiana przez śmiałe najazdy i rosnące zagrożenia, zmuszając bogów do uznania ich słabości.

To właśnie na tym niepewnym tle Asowie zaplanowali nieprzeniknioną fortyfikację wokół Asgardu, mur, który byłby tak potężny, że zniechęcałby wszelkie wojownicze ambicje. Ale jak zbudować takie arcydzieło w rozsądnych ramach czasowych bez narażania własnej siły i bezpieczeństwa?

Rozwiązanie przyszło z nieprawdopodobnego źródła: nieznajomy ze świata gigantów wystąpił, przedstawiając się jako budowniczy. Z solidnym wierzchowcem zdolnym do przenoszenia ogromnych kamieni, obiecał niewzruszoną fortyfikację w rekordowym czasie. W zamian zażądał jednak ogromnej nagrody: bogini Freyji, słońca i księżyca. Zaniepokojeni, ale zdesperowani bogowie dobili przebiegłego targu, zastrzegając, że jeśli nie uda mu się ukończyć pracy w określonym czasie, jego nagroda zostanie anulowana.

Mijały dni, a bogowie byli zarówno zdumieni, jak i zaniepokojeni postępami giganta. Każdy kamień został umieszczony na miejscu z nadprzyrodzoną precyzją i szybkością, a praca postępowała tak sprawnie, że wydawało się, że Freyja wkrótce zostanie utracona, a wraz z nią światło świata. To właśnie wtedy Loki, znany ze swojej przebiegłości i umiejętności siania chaosu, został oskarżony o zorganizowanie takiej transakcji, a bogowie wezwali go do znalezienia rozwiązania.

Podstęp Lokiego był równie nieprzewidywalny, co pomysłowy. Zmienił swoją postać, przyjmując wygląd nieodparcie uwodzicielskiej klaczy, a tym samym przyciągnął uwagę potężnego wierzchowca giganta. Pozbawiony jego niezbędnej pomocy, tempo giganta spadło, a budowa zwolniła, co uniemożliwiło mu dotrzymanie uzgodnionego terminu.

Gdy nastał ostatni dzień, a olbrzym, wściekły z powodu oszustwa, ujawnił swoją prawdziwą naturę, Thor, obrońca Asgardu, powrócił z jednej ze swoich odległych wypraw. Bez wahania i ze słusznym gniewem, bóg piorunów zrzucił swój młot na olbrzyma, kładąc kres jego życiu, przebiegłości i zagrożeniu dla bóstw.

W ten sposób Asgard zdobył swoje mury nie tylko dzięki sile i strategii, ale także dzięki przebiegłości i sztuce oszustwa. Mury Asgardu powstały nie tylko jako symbol siły i bezpieczeństwa, ale jako wieczne przypomnienie złożoności, niebezpieczeństw i poświęceń wymaganych do zachowania pokoju i bezpieczeństwa w obliczu chaotycznych i nieprzewidywalnych sił. Przypomnienie, że w najbardziej rozpaczliwych czasach przetrwanie może zależeć od sprytu i odwagi.

CZĘŚĆ II: MAJESTATYCZNI BOGOWIE I BOGINIE

Władca Asgardu

W sercu mistycznych mgieł czasu i legend ludów nordyckich jedno imię rozbrzmiewa niezrównanym majestatem: Odyn. Nie był on tylko kolejnym bogiem, ale ojcem wszystkich, władcą Asgardu, miasta bogów i mistrzem sztuk wróżbiarstwa, magii i wojny. Jego waleczność i mądrość były celebrowane w całej nordyckiej krainie, a jego legenda żyje do dziś.

Odyn był często przedstawiany jako starzec z długą białą brodą i głębokim, przeszywającym spojrzeniem, często maskowanym przez duży kapelusz, który ukrywał jeden z jego pustych oczodołów. Legenda głosi, że poświęcił jedno ze swoich oczu, aby napić się ze źródła Mímir, zdobywając w ten sposób niezrównaną wiedzę. Było to świadectwem jego nieustannego dążenia do mądrości, pokazującym, w jakim stopniu był gotów poświęcić wszystko dla dobra swojego ludu i opanowania tajemnic wszechświata.

W towarzystwie swoich dwóch wiernych kruków, Huginna i Muninna, które symbolizowały odpowiednio myśl i pamięć, podróżował po światach, aby zbierać informacje i tajemnice. Ptaki te były jego posłańcami, jego oczami i uszami, przemierzającymi bezmiar królestw i powracającymi każdego wieczoru, by szeptać mu do ucha wieści ze świata.

Jednak poszukiwanie wiedzy przez Odyna nie ograniczało się do podszeptów jego kruków. Zapłacił również najwyższą cenę, trzymając się przez dziewięć dni i nocy Yggdrasil, Drzewa Świata, eksperymentu w poświęceniu, który pozwolił mu odkryć runy, starożytne symbole obdarzone potężnymi magicznymi mocami.

Oprócz bycia bogiem mądrości, Odyn był również przerażającym wojownikiem. W sercu pola bitwy jeździł na swoim wiernym ośmionogim rumaku Sleipnirze, inspirując odwagę i siłę swoich sojuszników. Chociaż mądry i rozważny, posiadał dziką furię, przypominając wszystkim, że pod łóżkiem mędrca czaił się przerażający król bogów.

Ale być może prawdziwa siła Odyna leżała w jego zdolności do przewodzenia, miłości i poświęcenia. Był ojcem wielu bogów, w tym Thora, potężnego strażnika piorunów i Baldera, lśniącego boga piękna i sprawiedliwości. Mając tak liczne potomstwo, Odyn często musiał radzić sobie z silnymi temperamentami i różnorodnymi ambicjami swoich dzieci. Zawsze jednak kierowała nim miłość do nich i pragnienie, by odniosły sukces.

Na przestrzeni wieków opowieści o Odynie ewoluowały, dostosowując się do kultury i czasów. Ale jedno pozostaje niezmienne: jest on Ojcem Wszystkiego, przewodnikiem i obrońcą, symbolem niezachwianego autorytetu, mądrości i miłości.

Podczas gdy poszukiwanie wiedzy i odkrycie run są znanymi wyczynami Odyna, istnieją inne równie wciągające, ale mniej znane opowieści, które zasługują na naszą uwagę. Historie te dodają złożoności Odynowi, ujawniając aspekty jego osobowości, które często są pomijane w tradycyjnych dyskusjach.

Opowieść o dzikim polowaniu

Niewiele legend porusza wyobraźnię tak, jak legenda o Dzikim Polowaniu, nadprzyrodzonym zjawisku prowadzonym przez samego Odyna. W najciemniejsze noce, zwłaszcza podczas surowych zim, śmiertelnicy byli świadkami przerażającego widoku na niebie: oddziału widmowych wojowników pędzących przez niebiosa, którym towarzyszył ogłuszający odgłos kopyt i wycie dzikich psów.

Procesja ta nie była bez znaczenia. Symbolizowała nieustanne bitwy i chaos, ale także cykl śmierci i odrodzenia. Odyn, jako przywódca tej szalonej kawalkady, przyjął rolę kolekcjonera dusz zmarłych wojowników, prowadząc ich do zaświatów. Bardziej niż pokaz siły, było to przypomnienie o stałej obecności śmierci i obietnicy odrodzenia, istotnym aspekcie nordyckiego rozumienia życia.

Odyn i przepowiednia Ragnarök

Odyn był głęboko zaniepokojony wizjami końca świata, znanymi jako Ragnarök. Wiedział, że ta ostateczna bitwa między bogami a ich wrogami była nieunikniona, okres masowego zniszczenia, po którym nastąpiła powszechna regeneracja.

Zamiast pogodzić się z tym losem, Odyn podjął aktywne działania. Szukał rady u najmądrzejszych istot, w tym zmarłych, używając swojej magii, aby przywołać ich duchy. Jego celem było zebranie jak największej wiedzy, aby przygotować bogów na tę apokaliptyczną konfrontację i, jeśli to możliwe, wpłynąć na bieg wydarzeń.

Ta historia pokazuje nam innego Odyna: stratega, martwiącego się o przyszłość, ojca starającego się chronić swoją rodzinę i królestwo. Uosabia dalekowzroczność i determinację w obliczu nieuniknionego, podkreślając swoją głębię jako obrońcy, nie tylko w poszukiwaniu mądrości, ale także zbawienia.

Te mniej śpiewane historie nadają Odynowi dodatkowy wymiar. Podkreślają jego rolę nie tylko jako boga mądrości i wojny, ale także jako postaci głęboko zaniepokojonej losem swojego świata, ilustrując jego suwerenną wielkość w bardziej introspektywnym i ojcowskim świetle.

THOR: POTĘŻNY STRAŻNIK

W lśniącym bezmiarze Asgardu, wśród wojowników, poetów i bogów, jedna postać wyróżnia się energią i niezłomną odwagą. Ten tytan o płomiennych włosach, rudej brodzie i oczach głębokich jak burzowy horyzont to Thor, Potężny Strażnik, burzliwy syn Odyna i samej Ziemi, Fjörgyn.

Thor uosabia ryczącą siłę natury, grzmot, który trzęsie ziemią i błyskawicę, która przeszywa niebo jako znak jego obecności. Jego śmiech to ryk, który odbija się echem w górach Asgardu, a jego gniew to burza, która grozi rozerwaniem nieba. Ale pod tą brutalną siłą bije szlachetne serce, oddane ochronie nie tylko jego niebiańskiego królestwa, ale także delikatnych ludzi z Midgardu, nad którymi czuwa z braterską miłością.

Jego wyczyny są liczne, a jego wrogowie, głównie giganci z Jotunheimu, boją się jego siły i legendarnej broni, młota Mjöllnir. Z tą bronią w ręku Thor jest nie tylko wojownikiem w bitwie; jest wcieleniem burzy, zdolnym rzucić wyzwanie każdemu, kto ośmieli się zagrozić równowadze dziewięciu światów.

Jednak pomimo swojej wojowniczej natury, Thor jest głęboko kochany przez tych, których chroni. Jego osobowość jest utkana z kontrastów: tak szybki do radości, jak do gniewu, tak lojalny w przyjaźni, jak nieprzejednany wobec swoich wrogów. Uwielbia historie śpiewane przez skaldów w korytarzach i odgłosy bitwy. Ale ponad wszystko ceni sobie więzi rodzinne i niezachwianą lojalność, wartości zakorzenione w jego boskiej duszy.

Thor nie jest bogiem subtelnych intryg czy skomplikowanych podstępów, jak jego adoptowany brat Loki. Jest bogiem słowa i bezpośredniego działania, preferującym rozwiązywanie konfliktów siłą, a nie dyplomacją. To właśnie ta prostota, ta surowa szczerość czyni go tak dostępnym dla śmiertelników. Jest ich mistrzem, bogiem, który podziela ich zmagania z niekontrolowanymi siłami, niebiańskim obrońcą, którego można błagać o siłę i bezpieczeństwo.

Wśród bogów jest pomostem między tym, co boskie, a tym, co ludzkie, żywym przypomnieniem, że mieszkańcy Asgardu nie różnią się tak bardzo od śmiertelników, nad którymi czuwają. W bogactwie mitów, które tworzą sieć życia w dziewięciu światach, Thor jest najsilniejszą nicią, tą, która pomimo napięć i zawirowań, nigdy nie ustępuje, nigdy nie pęka.

Jego życie to seria przygód i wyzwań, odzwierciedlenie wiecznej walki z chaosem i ciemnością, z bestiami, które grożą pochłonięciem świata podczas Ragnarök, zmierzchu bogów. Każda opowieść o jego odwadze, każda relacja z jego podróży to nie tylko opowieść; to obietnica. Obietnica, że tak długo, jak grzmoty grzmią w niebiosach, Thor, Potężny Strażnik, będzie stał między porządkiem a chaosem, niezłomny obrońca w wirze kosmicznej bitwy o przeznaczenie.

W ponadczasowych annałach bogów pewne historie opierają się erozji czasu, wyrywają się w eterze jak gwiazdy w niebiańskiej nocy. Wśród wielu legend o Thorze, Potężnym Strażniku, wyróżniają się dwie opowieści, wplatające odwagę, przebiegłość i niezłomną siłę ducha w płaszcz mitologii.

Lot Mjöllnira

Pewnego ciemnego poranka w Asgardzie grzmoty ucichły, a furia zasnęła. Thor obudził się i odkrył, że Mjöllnir, jego błogosławiony młot, źródło jego potężnej mocy i ostatni bastion Asgardu przeciwko chaosowi, zniknął. Kradzież, jak odkryto, była przebiegłym dziełem Thryma, przebiegłego olbrzyma, który zażądał pięknej Freyji jako okupu.

Freyja, bogini miłości i piękna, odmówiła poddania się takim kaprysom. W tym impasie pojawiła się nieoczekiwana strategia: Thor, ubrany w welon panny młodej, przebrał się za Freyję, aby oszukać Thryma, z Lokim, mistrzem zmian, u jego boku przebranym za sługę.

W domu Thryma giganci świętowali zbliżający się związek, nieświadomi podstępu. Thor, pomimo nadludzkiego apetytu i siły, która niemal zdradziła jego tożsamość, odegrał swoją rolę. I tak jak Mjöllnir został zaprezentowany, aby pobłogosławić "pannę młodą", Potężny Strażnik powstał w mściwej furii. Młot znalazł swoje miejsce w dłoni prawowitego pana, a grzmot spadł na gigantów, przywracając porządek w crescendo błyskawic i sprawiedliwości.

Thor w Hrungnir

Hrungnir był najsilniejszym z kamiennych gigantów, a jedna z historii opowiada, jak niewinny zakład doprowadził do jednej z najbardziej brutalnych konfrontacji w mitologii nordyckiej. Wszystko zaczęło się, gdy Odyn, na Sleipnirze, swoim szybkim ośmionogim koniu, złapał wzrok Hrungnira i nieświadomie zaprowadził go do Asgardu. Po wypiciu alkoholu Hrungnir zaczął przechwalać się swoim zamiarem podbicia Asgardu i zabrania Freyji i Sif jako swoich własnych trofeów.

Urażeni, ale wyrachowani bogowie poprosili Thora o rozwiązanie sytuacji. Starcie Thora i Hrungnira było brutalne. Hrungnir miał kamienne serce, kamienną głowę i dzierżył ogromny kamienny blok jako broń, podczas gdy Thor miał swój młot Mjölnir. Pojedynek był zacięty i chociaż Thor złamał kamień Hrungnira i pokonał olbrzyma, kawałek broni Hrungnira utkwił w głowie Thora.

Historia ta podkreśla odwagę Thora, jego gotowość do walki nie tylko dla własnej chwały, ale także dla honoru i bezpieczeństwa Asgardu i jego mieszkańców. Historie Thora w Hrungnir służą jako przypomnienie, że siła i odwaga są bronią bogów w ich ciągłej walce z chaosem.

Thor i podróż do Utgardu

Ta przygoda zaczyna się jak wiele innych, gdy Thor, w towarzystwie swojego przebiegłego przyrodniego brata Lokiego, wyrusza w podróż do tajemniczego królestwa Utgard, w sercu Jotunheimu. Ich cel był prosty: Thor chciał udowodnić wyższość bogów Asgardu w obliczu wyzwań gigantów.

Przywitał ich król gigantów, Utgard-Loki, który, świadomy tożsamości swoich gości, zaoferował serię wyzwań, ale nie takich, jakich Thor się spodziewał. Zamiast testów siły, stanęli przed zadaniami, które wydawały się proste, ale były przesiąknięte zwodniczą magią. Loki musiał rywalizować w wyścigu sprinterskim z Hugim, który reprezentował samą myśl i dlatego był niemożliwy do pokonania. W międzyczasie Thor próbował podnieść gigantycznego kota Utgard-Loki, nie zdając sobie sprawy, że w rzeczywistości był to wąż świata, Jörmungandr, w przebraniu.

Każda próba miała na celu upokorzenie podróżników, a wyzwania ukrywały prawdy, które czyniły ich wysiłki daremnymi. Dopiero gdy odeszli, Utgard-Loki ujawnił iluzje, przyznając, że Thor i Loki byli bliscy zniszczenia jego królestwa. Próbując podnieść "kota", Thor prawie spowodował Ragnarök, podnosząc węża otaczającego świat. Zawstydzony, ale oświecony o przebiegłości gigantów, Thor powrócił do Asgardu, a jego determinacja, by chronić królestwa, została wzmocniona.

Te historie nie są zwykłymi opowieściami przygodowymi; to boskie iskry charakteru, poświęcenia i odwagi. Thor, w swojej surowej niedoskonałości, odwadze i niezłomnej sile, uosabia ducha walki w obliczu tego, co nie do pokonania, rozświetlając strony mitologii ognistą furią wiecznej burzy.

Loki: Duch psot

W nordyckim panteonie jest jeden bóg, który uosabia twórczy chaos i nieprzewidywalną przebiegłość - to Loki. Obdarzony genialną inteligencją i hipnotyzującą ambiwalencją, Loki tańczy na kruchej linii oddzielającej przyjaźń od zdrady, porządek od nieporządku. Jego umysł, tak zmienny jak płomienie, którymi rzekomo rządzi, ujawnia złożoność, która przeciwstawia się prostocie etykiet przyjaciela lub wroga.

Zrodzony z gigantów Loki nie był ani Ase, ani Vanirem, ale zajmował niepewną pozycję w Asgardzie. To mieszane pochodzenie wytworzyło w nim dwoistość, ciągnąc go między uczuciem do bogów a nieuświadomioną współpracą z ich przeciwnikami. Jego integracja wśród bogów była owocem przysięgi krwi dzielonej z Odynem, wiążącej ich losy niezniszczalnie, pomimo nadchodzących zawirowań.

Loki, często opisywany jako przystojny i czarujący, posiadał zniewalającą elokwencję. Jego słowa splatały rzeczywistość, obalały sytuacje i czasami tworzyły uwikłania, z których tylko on mógł się uwolnić. Przebiegły bóg nie był wojownikiem; jego siła tkwiła w zwinnym umyśle i umiejętności poruszania się po mętnych wodach spisków i złamanych obietnic.

Ale nie popełnijcie błędu: psoty Lokiego nie były tylko źródłem przerażenia. Wiele z jego eskapad kończyło się nieoczekiwanie korzystnymi rezultatami dla bogów. Jego pomysłowość często pomagała Asgardowi, nawet jeśli jego motywy były w najlepszym razie enigmatyczne. Paradoksalnie, był architektem ich problemów i często ich nieprawdopodobnym wybawcą, dychotomia, która uczyniła go niezbędnym.

Oprócz swoich sztuczek i inteligencji, Loki był również znany ze swojej zdolności do zmiany kształtu. Ta metamorfoza była nie tylko fizyczna, ale także symboliczna dla jego płynnej tożsamości. Był kameleonem w interakcjach społecznych, dostosowując się, uwodząc i, jeśli to konieczne, siejąc niezgodę, aby służyć swoim celom.

W głębi swojej istoty Loki reprezentował siłę zmian i nieuchronność bólu w rozwoju. Był uosobieniem niewygodnej prawdy, że nawet bogowie nie mogą pozostać statyczni, że ewolucja często przychodzi w przebraniu chaosu. I ucieleśniał ideę, że nawet w rozczarowaniu istnieje forma lojalności.

Jednak przy całym swoim uroku Loki był istotą głęboko udręczoną. Był ciemnym zwierciadłem odbijającym prawdy, które bogowie woleli pozostawić w cieniu. Przyjaciel i wróg, wybawca i podżegacz, kroczył samotnie, wyrzutek wśród tych, których kiedyś nazywał braćmi.

Historia Lokiego nie jest po prostu historią rozrabiaki. To opowieść o obrzeżach akceptacji, samotności wynikającej z bycia innym i cenie wolności w obliczu konformizmu. W całej swojej okazałości i mroku był żywym przypomnieniem, że nie wszystko jest tym, czym się wydaje i że prawda, podobnie jak lojalność, często jest kameleonem.

Wśród wielu opowieści, które rozsiane są w sieci nordyckiego folkloru, dwie z udziałem Lokiego wyróżniają się, doskonale ilustrując jego sprzeczną naturę i chaotyczny geniusz.

Podstęp jubilera

Nasza pierwsza opowieść rozgrywa się w lśniących salach Asgardu, gdzie Loki, w przypływie złośliwości, obcina złote włosy ukochanej żony Thora, Sif. Wściekły Thor grozi, że złamie każdą kość w ciele Lokiego, co doprowadza przebiegłego boga do obietnicy zapewnienia jeszcze wspanialszej głowy włosów dla Sif, wykonanej z czystego złota.

Loki udaje się do krasnoludów, mistrzów rzemiosła, i udaje mu się zdobyć złote włosy. Na tym jednak intryga się nie kończy. Zakładając się o swoje życie, że żaden rzemieślnik nie jest bardziej zręczny, Loki przekonał braci krasnoludów Brokkr i Sindri, aby zrobili prezenty jak żadne inne. Jeśli te przedmioty okażą się gorsze od tych wykonanych przez innych krasnoludów, Loki zaoferuje im swoją głowę.

Następnie bracia tworzą trzy cuda: złotego dzika, Gullinbursti; statek Skidbladnir, który chwyta wiatry w swoje żagle; i wreszcie Mjölnir, młot Thora. Pomimo wspaniałości tych darów, Loki dyskretnie sabotuje pracę braci, co skutkuje dziwnie krótką rękojeścią Mjölnira.

Podczas sądu bogowie są oszołomieni darami braci i ogłaszają, że ich dzieła są lepsze, zwłaszcza młot. Loki, w czystej zuchwałości, uniknął utraty głowy, argumentując, że nie położył szyi na linii, tylko głowę, uniemożliwiając braciom odebranie jej bez dotknięcia jego szyi.

Narodziny ośmionogiego konia

Druga opowieść przedstawia mroczniejszego, bardziej zdeterminowanego Lokiego. Kiedy giganci zagrażają Asgardowi, bogowie zatrudniają nieznanego budowniczego, jak widzieliśmy kilka rozdziałów wcześniej. Oferuje on zbudowanie nieprzeniknionej fortecy w ciągu trzech pór roku, prosząc w zamian o słońce, księżyc i Freyję. Bogowie zgadzają się, dzięki zapewnieniu Lokiego, że nic nie stracą, ponieważ budowniczy nie może skończyć na czas bez swojego potężnego konia, Svadilfari.

Ponieważ prace postępują szybko, bogowie są wściekli i żądają, aby Loki opracował plan. Przemieniony w klacz, Loki uwodzi Svadilfari, spowalniając pracę, która, niedokończona w uzgodnionym terminie, ratuje Freyję i niebiańskie gwiazdy. Później Loki wraca do Asgardu ze Sleipnirem, ośmionogim koniem zrodzonym z tego związku, najszybszym i najszlachetniejszym ze wszystkich, którego oferuje Odynowi.

Te historie to nie tylko opowieści o boskich przygodach. Podkreślają złożoność i inteligencję Lokiego, ale także często poważne konsekwencje jego działań. Czy to z próżności, pragnienia chaosu, czy na swój sposób, aby pomóc swoim boskim towarzyszom, Loki pozostaje niezatartą postacią w mitologii nordyckiej, przypominając, że za każdym aktem psoty może kryć się błysk geniuszu.

FREYJA: BOGINI MILOSCI

Na błyszczącym firmamencie bóstw, które zdobią mitologię nordycką, Freyja świeci ze szczególnym blaskiem. Majestatyczna bogini miłości, piękna, płodności i wojny, panuje nad sprzecznościami ludzkiej natury, splatając ze sobą wątki, które dla śmiertelników często wydają się nierozerwalnie skomplikowane. Samo jej imię, oznaczające "Panią", świadczy o jej wysokiej randze wśród Vanirów, plemienia bogów często kojarzonych z naturą i cyklami życia.

Freyja jest postacią pożądania, nie tylko w kategoriach romantycznej miłości, ale uosabiającą szerszy apetyt na emocjonalne i materialne radości tego świata. Nie jest bierną boginią łagodnej, nieśmiałej miłości. Jest wcieloną pasją, odwagą na polu bitwy i nienasyconym poszukiwaczem przyjemności i bogactw. Płacze złotymi łzami za swoim nieobecnym mężem, ujawniając serce, które zna głębię straty, dodając melancholijną głębię do jej ekstrawaganckiej osobowości.

Dzięki płaszczowi z sokolich piór Freyja podróżuje po światach, symbolizując swoją niezłomną naturę i wolność. To nie tylko ozdoba; to deklaracja jej autonomii i władzy, pozwalająca jej poruszać się między królestwami, obserwując złożoność istnienia.

Freyja posiada również Brísingamen, naszyjnik wykonany przez krasnoludy, niezwykłych rzemieślników. Ten element biżuterii nie tylko reprezentuje jej próżność. Jest symbolem jej suwerenności, jej władzy nad miłością i pięknem, ale także jej gotowości do pójścia o krok dalej, czasem kontrowersyjnie, aby uzyskać to, czego chce. Historia o tym, jak zdobyła Brísingamen, jest bogata w lekcje, pokazując, że bogini jest gotowa przekroczyć granice moralne, aby dążyć do tego, co uważa za cenne.

Uproszczeniem byłoby jednak postrzeganie Freyji wyłącznie jako bogini miłości i pożądania. Jest ona również potężną postacią na polu bitwy, zbierającą dusze poległych wojowników. Dzieląc się zbiorami z Odynem, zabiera najodważniejszych wojowników do swojego królestwa, Sessrúmnir, które jest duże i wspaniałe. W przeciwieństwie do stoicyzmu Odyna, Freyja oferuje pocieszenie duszom tych, którzy dzielnie walczyli, po raz kolejny podkreślając jej głęboki związek z ludzkimi emocjami.

W palecie nordyckich bogów i bogiń Freyja wyróżnia się jako żywe arcydzieło, złożone studium skrajności. Nie jest boginią, którą można oswoić, ale siłą, z którą należy się liczyć, kimś, kto obejmuje wszystko, co życie ma do zaoferowania, dobre i złe, słodkie i gorzkie. W jej wielu warstwach odbijają się echa ludzkiej kondycji, przypominając nam wszystkim, że życie, w całym swoim pięknie i bólu, jest czymś, co należy przeżyć w pełni.

Wśród wielu epickich opowieści, które wypełniają bogaty nordycki folklor, dwie historie podkreślają złożoność i dwoistość Freyji, ujawniając aspekty jej charakteru, które są często pomijane.

Lot z Brísingamen

Pierwszym z nich jest Brísingamen, naszyjnik Brisings, ozdoba o niezrównanym blasku. Według legendy Freyja wędrowała po okolicy, gdy odkryła czterech krasnoludów Brisings, niezwykłych kowali, tworzących naszyjnik o niezrównanym pięknie. Oszołomiona, zapragnęła go bardziej niż czegokolwiek innego. Krasnoludy żądają jednak wysokiej ceny: Freyja musi spędzić jedną noc z każdym z nich. Zdeterminowana i obojętna na konwenanse, zgadza się.

Zdobycie Brísingamen to opowieść o pożądaniu i determinacji. Freyja, przeciwstawiając się normom społecznym i boskim oczekiwaniom, podąża za tym, czego chce, ilustrując główny temat jej charakteru: absolutną suwerenność nad swoimi wyborami, nawet kosztem skandalu. Ta opowieść nie jest tylko o bogini miłości ulegającej swoim pragnieniom, ale o potężnej postaci, która jest gotowa przeciwstawić się zakazom, aby zdobyć to, co uważa za cenne.

Smutek matki

Druga historia kontrastuje z pierwszą, pokazując Freyję nie jako odważną boginię, ale jako zdesperowaną matkę. Freyja miała córkę o imieniu Hnoss, której piękno było tak wielkie, że zainspirowała wszystkie cenne przedmioty mężczyzn. W jednej z opowieści Hnoss znika, a Freyja jest zdruzgotana, a jej serce rozpada się na milion kawałków. Szuka jej w dziewięciu światach, a jej łzy zamieniają złoto w bursztyn. Każdy zakątek wszechświata słyszy jej żal, a wszyscy, którzy ją widzą, nie mogą się oprzeć, by jej pomóc.

Ta historia pokazuje inną stronę Freyji - jej wrażliwość. W przeciwieństwie do wizerunku niezłomnej i potężnej bogini, tutaj pokazuje ból, który rezonuje z każdym. Freyja uosabia uniwersalne cierpienie matki za utraconym dzieckiem, pokazując, że nawet bogowie nie są odporni na udręki miłości.

Te dwie historie, zestawione ze sobą, oferują kompletną wizję Freyji. Nie jest ona jednowymiarową boginią miłości i piękna, rządzącą sprawami śmiertelników z daleka. Jest złożona i pełna sprzeczności, poruszając się między siłą a kruchością. Poprzez historię Brísingamen widzimy boginię, która bierze to, czego chce, bez względu na konsekwencje. Poprzez jej łzy po Hnossie widzimy, jak odczuwa głęboko ludzki smutek.

Ostatecznie Freyja uczy ważnej lekcji: być autentycznym w swoich emocjach, obejmować wszystkie aspekty siebie, czy to piękne, brzydkie, silne czy kruche. Reprezentuje życie przeżywane w pełni, nieustannie przypominając, że wszyscy jesteśmy istotami miłości, pożądania, straty i powrotu do zdrowia.

Frigg: Opiekuncza Matka

W błyszczącym panteonie mitologii nordyckiej Frigg króluje z niezrównaną gracją. Żona Odyna, władczyni Asgardu, królowa Æsirów, bogini mądrości, małżeństwa i macierzyństwa. Nie daj się jednak zwieść jej pozornej łagodności. Frigg jest postacią mocy, filarem odporności i siły ochronnej. Uosabia istotę uniwersalnej matki, czuwając nie tylko nad własnymi dziećmi, ale i nad całym światem.

Frigg jest często owinięta w swój gwieździsty płaszcz, zaglądając w mistyczne nici losu. Posiada wiedzę o przepowiedniach, ale niesie ze sobą ciężkie brzemię nigdy ich nie ujawniając. Ta ukryta mądrość dodaje jej postaci melancholijnej głębi; posiada wiedzę o przyszłości, ale musi oprzeć się pokusie jej zmiany lub ujawnienia.

Frigg definiuje swoją władzę nie tylko jako żona Odyna. Utrzymuje swoją suwerenność, często opisywana jako równa Odynowi pod względem wpływów i szacunku. Ich role są raczej komplementarne niż hierarchiczne, reprezentując znaczenie równowagi w starożytnych wierzeniach nordyckich. Podczas gdy Odyn często podróżuje, poszukując wiedzy, Frigg panuje nad Asgardem, zapewniając stabilność i porządek.

Frigg jest również boginią miłości małżeńskiej, symbolizującą związek i wierność. Jej małżeństwo z Odynem jest złożone i pełne niuansów, przeplatanych wzajemnym szacunkiem i osobistą autonomią. Ich związek podkreśla kolejną fundamentalną prawdę o jej charakterze: miłość wymaga wolności, a nie posiadania. To cenna lekcja delikatnej sztuki utrzymywania związku przy jednoczesnym poszanowaniu indywidualności.

Ale to właśnie w roli matki Frigg naprawdę ujawnia głębię swojego charakteru. Jest zaciekłą obrończynią, a jej bezwarunkowa miłość do dzieci nie zna granic. Symbolizuje boskie rodzicielstwo, opiekuna nie tylko swoich dzieci, ale wszystkich stworzeń. Mity często przedstawiają ją obracającą chmury, tkającą losy jak cenną tkaninę, co współgra ze sposobem, w jaki stara się utrzymać kontrolę nad często chaotycznymi wydarzeniami we wszechświecie.

Jego dom, Fensalir, to lśniący pałac na niebiańskich bagnach, oaza spokoju i komfortu w czasami burzliwym świecie bogów. To właśnie w tych cichych salach Frigg wita dusze, oferując pocieszenie i matczyną miłość.

Frigg, ze swoją mieszanką matczynej łagodności i stoickiej siły, przypomina nam, że ochrona przybiera różne formy. Nie jest wojowniczką z mieczem, ale strażniczką z sercem, tarczą przeciwko kaprysom życia. Odnajdujemy w niej czystą esencję matczynego oddania, zaproszenie do rozpoznania siły tkwiącej w miłości, współczuciu i poświęceniu.

Kiedy badamy bogactwo nordyckich legend, wyłaniają się dwie historie, które łączą nieustraszoność Frigg i niezmierzoną miłość. Te historie, wyryte w echach czasu, ujawniają jego emocjonalną głębię i złożoność jego boskiej roli.

Przysięga na wszystkie niebezpieczeństwa świata

W Asgardzie, domu bogów, panowała ciężka cisza, gdy Frigg rozmyślała o swoim ukochanym synu, Baldrze. Dręczona wizjami jego przedwczesnej śmierci, była zdeterminowana, by udaremnić przeznaczenie. Rozpoczęła więc swoją podróż, desperacką matczyną misję, w której poprosiła każdą istotę, przedmiot i element w dziewięciu światach o złożenie przysięgi. Mieli przysiąc, że nigdy nie skrzywdzą Baldra, dając jej pozorną nietykalność.

Wszyscy we wszechświecie złożyli przysięgę, z wyjątkiem jemioły, uważanej za zbyt młodą i nieszkodliwą, by wyrządzić jakąkolwiek krzywdę. Było to fatalne przeoczenie. Loki, bóg psot, stworzył strzałę z tego drewna i umieścił ją w rękach Höðra, niewidomego brata Baldra, pod pretekstem niewinnej zabawy. Stało się coś niewyobrażalnego i Baldr padł ofiarą okrutnego oszustwa i tragicznego zaniedbania.

Ból Frigg był namacalny, wstrząsając fundamentami Asgardu. Pomimo jej niestrudzonych wysiłków, małe niedopatrzenie kosztowało jej syna życie. Ta przejmująca historia jest przejmującym świadectwem miłości matki, determinacji i granic jej mocy. To opowieść, która przywołuje wrażliwość bogów w obliczu kaprysów losu.

Poszukiwanie złotych łez

Druga historia oświetla inny aspekt Frigg, ujawniając jej odporność w obliczu straty i zdolność do kochania poza śmiercią. Po śmierci Baldra świat wydawał się ciemniejszy, a każdy bóg i bogini opłakiwali jego odejście. Frigg jednak nie pogodziła się z żałobą. Wyruszyła na wyprawę, aby odzyskać swojego syna Hela z królestwa zmarłych.

Hel, władczyni zaświatów, zadekretowała, że uwolni Baldra, jeśli wszystko we wszechświecie będzie za nim płakać. Frigg, z ciężkim sercem, starała się wykonać to herkulesowe zadanie, błagając każdą istotę i każdy zakątek stworzenia, by płakały za jego utraconym synem. Tak też się stało, z wyjątkiem jednego - olbrzyma, który był nikim innym jak Lokim w przebraniu, odmówił płaczu.

Pomimo przeciwności losu i przebiegłości Lokiego, determinacja Frigg nigdy się nie zachwiała. W swoim smutku zjednoczyła wszechświat, jednocząc wszystkie istoty w chwili zbiorowego współczucia. Chociaż ostatecznie nie powiodło się, zadanie to podkreśla zdolność Frigg do przekroczenia własnego żalu, mobilizując miłość, która prawie obaliła porządek kosmosu.

Te historie odzwierciedlają wewnętrzne zmagania, które każdy rodzic instynktownie rozumie - strach, stratę i nieskończone pragnienie ochrony. We Frigg odnajdujemy echo naszego człowieczeństwa, a także przypomnienie, że miłość, w całym swoim pięknie i złamanym sercu, jest siłą, która naprawdę kształtuje wszechświat.

ZGROMADZENIE BOGÓW: INNE BÓSTWA Z MITOLOGII NORDYCKIEJ

Mitologia nordycka nie ogranicza się do Odyna, Thora i Lokiego. Panteon ten mieni się mniej znanymi postaciami, których historie są równie fascynujące i bogate w nauki. Zagłębmy się w zgromadzenie bogów, gdzie inne bóstwa ożywają, tworząc mistyczny nordycki wszechświat.

HEIMDALL - Czujny strażnik

Stojący samotnie na tęczowym moście Bifröst to Heimdall, strażnik bogów.

Ze słuchem tak wyostrzonym, że słyszy rosnącą trawę i wzrokiem, który przenika nawet najciemniejsze noce, jest wiecznym strażnikiem przed zbliżającymi się gigantami. Jego rola nie jest tylko bierna; Heimdall ma zabrzmieć Gjallarhorn, sygnalizując początek Ragnarök, końca czasu.

NJORD - Władca mórz

W błyszczącym królestwie Noatun, Njord panuje nad wiatrem i morzem. Patron rybaków i żeglarzy, przynosi szczęście i bogactwo tym, którzy szukają jego błogosławieństwa. Njord jest ucieleśnieniem harmonii z żywiołami, przypominając ludziom o ich nierozerwalnej więzi z naturą i zależności od jej kapryśnych nastrojów.

SKADI - Pani Zimy

Bogini łowów i zimy, Skadi, jest nieokiełznaną siłą ośnieżonych gór. Z łukiem przemierza pustkowia, uosabiając wolność i przetrwanie. Jej małżeństwo z Njordem, związkiem gór i morza, symbolizuje sojusz przeciwieństw i sugeruje niepewny pokój między rozbieżnymi siłami natury.

TYR - Bóg odwagi

Tyr, choć uzbrojony tylko w jedną rękę, pozostaje bogiem wojny, sprawiedliwości i boskiego porządku. Jego ręka, pożarta przez potwornego wilka Fenrira w podstępie, by go związać, jest wiecznym symbolem poświęcenia. Tyr uczy, że czasami utrzymanie porządku we wszechświecie wymaga trudnych wyborów i osobistej straty.

FREYR - Dawca życia

Freyr, brat Freyji, panuje nad pokojem, męskością, dobrobytem i królewskością. Jego magiczny miecz, zdolny do samodzielnej walki, symbolizuje płodność ziemi, którą hojnie zapewnia. Poza polami bitew przypomina nam, że prawdziwa moc leży w żywności i obfitości oferowanej ludziom.

BALDR - The Incorruptible Light

Baldr, najbardziej kochany z bogów, promieniuje pięknem, miłością, szczęściem i czystością. Jego śmierć jest jedną z najbardziej przejmujących historii w mitologii nordyckiej, zapowiadającą kataklizm Ragnarök. Kruchość Baldra, pomimo jego światła, podkreśla wrażliwość istot w obliczu ciemnych sił, przejmująco przypominając o niepewności pokoju i piękna.

IDUNN - Eternal Youth

Idunn, strażniczka złotych jabłek młodości, jest boginią gwarantującą nieśmiertelność bogów. Jej obecność zaszczepia witalność i wytrzymałość, utrzymując równowagę długowieczności. Porwanie Idunn byłoby katastrofalne w skutkach, stawiając bogów twarzą w twarz z ich śmiertelnością. Idunn symbolizuje niekończące się dążenie do młodości i kluczową rolę odgrywaną przez naturę w zachowaniu życia.

BRAGI - Boski Bard

Bragi, bóg poezji, elokwencji i muzyki, inspiruje twórców słów swoją boską elokwencją. Jego harfa emituje melodie, które rządzą sercami i umysłami, przypominając nam o znaczeniu opowieści i pieśni w zachowaniu historii i stymulowaniu emocji.

SIF - Fertile Beauty

Sif, żona Thora, jest postacią piękna i płodności. Jej złote włosy, ścięte, a następnie magicznie przywrócone, są alegorią żniw, straty i regeneracji. Sif przypomina nam, że piękno jest zakorzenione w zdrowiu ziemi, a dobrobyt wymaga ciągłego cyklu odnowy.

FORSETI - Sprawiedliwy rozjemca

Forseti, syn Baldra, jest bogiem sprawiedliwości i prawa. W swojej wspaniałej sali rozwiązuje spory, przynosząc pokój poprzez dialog i zrozumienie. Forseti symbolizuje znaczenie mądrości prawnej i kompromisu w budowaniu pokoju, co znajduje oddźwięk we wszystkich sprawiedliwych społeczeństwach.

Każdy z tych bogów, choć mniej znany, stanowi istotną część rozległego świata mitologii nordyckiej. Ich historie, zgłębiające złożoność ludzkiej i boskiej natury, ujawniają ponadczasowe prawdy. Pokazują nam, że każda postać, każdy mit, niesie w sobie iskrę kosmicznej wielkości, dodając głębi i różnorodności tej starożytnej kulturze. W ich historiach znajdujemy nie tylko przygody, ale także lekcje, lustra, w których możemy zobaczyć siebie i zrozumieć nieco więcej o naszym własnym życiu, zmaganiach i aspiracjach.

Część III:
Legendarne stworzenia i potwory

JÖRMUNGANDR: WAZ MIDGARDU

W mrocznej i burzliwej otchłani nordyckiej mitologii, gdzie legendy przybierają epickie rozmiary, a stworzenia wymykają się wyobraźni, wyłania się Jörmungandr. Ten potwór, znany również jako Wąż Midgardu, uosabia przerażającą pierwotną siłę, ciche niebezpieczeństwo zwinięte w oceanicznych głębinach nordyckiego wszechświata. Jego obecność jest stałym cieniem, złowieszczym omenem wplecionym w losy samych bogów.

Legenda zaczyna się od narodzin. Jörmungandr jest potomkiem Lokiego, złośliwego i zmiennego boga, oraz Angrbody, przerażającej olbrzymki. To dziedzictwo nadaje wężowi ambiwalentną naturę, oscylującą między boską przebiegłością a chaotyczną brutalnością. Od samego początku rozmiar Jörmungandra wymyka się zrozumieniu, rosnąc w tempie, które przeraża nawet bogów. To kolosalne stworzenie jest wężem morskim, a jego solidne, krępe ciało przywodzi na myśl falowanie samej ziemi. Jego łuski lśnią metalicznym połyskiem, a oczy, niczym złowrogie latarnie, przebijają podwodną ciemność.

Zaniepokojeni jego monumentalnymi rozmiarami i rosnącą siłą, bogowie postanawiają pozbyć się Jörmungandra, wrzucając go w niezgłębione głębiny oceanu, który otacza Midgard, świat ludzi. To tutaj Wąż Midgardu zyskuje swoją mityczną postać. Rośnie tak rozrzutnie, że kończy owinięty wokół ziemi, gryząc własny ogon w wiecznym przedstawieniu cyklu życia i śmierci, uporządkowanego chaosu. Jego uścisk wokół Midgardu utrzymuje niepewne napięcie, symbolizując kruchą barierę między ludzkim światem a chaotycznymi siłami kosmosu.

W tej wodnej otchłani Jörmungandr odpoczywa, czekając. Samo jego istnienie zakłóca świat, fale rozbijają się z nową furią przy każdym jego ruchu, a trzęsienia ziemi są palpitacjami jego podwodnego pobudzenia. Mówi się, że w dniu, w którym wypuści swój ogon, rozpocznie się Ragnarök - koniec świata, apokaliptyczna bitwa pochłaniająca bogów, ludzi i wszechświat.

Jedna z najbardziej żywych historii Jörmungandra jest spleciona z Thorem, bogiem piorunów. Podczas śmiałej wyprawy Thor wyrusza w morze, aby schwytać Węża Midgardu, przebrany za zwykłego rybaka. Z żyłką wykonaną z brody najsilniejszego wołu i haczykiem tak ostrym jak sama śmierć, Thor używa głowy wołu jako przynęty, nurkując w głębinach, w których przebywa Jörmungandr.

Wąż chwyta przynętę i rozpoczyna się walka tak gwałtowna, że wstrząsa fundamentami świata. Thor ciągnie z boską siłą, jego twarz jest czerwona z wściekłości i wysiłku, podczas gdy Jörmungandr opiera się, jego ciało skręca się i faluje, powodując wiry i rozbijające się fale. Obrazy tej bitwy są wyryte w annałach legendy, bóg przeciwko górze, wcielona siła natury.

Wreszcie, gdy Thorowi udaje się podnieść głowę węża z wody, podnosi swój młot, by zadać ostateczny cios. Jednak przestraszony sługa towarzyszący Thorowi ze strachu przecina linkę, pozostawiając Jörmungandra, który ucieka w głębiny, a jego obecność wciąż stanowi zagrożenie dla świata. Spojrzenie wymieniane między Thorem i

Jörmungandrem jest omenem, cichym potwierdzeniem nieuchronności: ich ostatecznej konfrontacji w Ragnarök.

Wąż Midgardu, w swej istocie, jest personifikacją nieuchronnego niebezpieczeństwa, przypomnieniem, że siły zniszczenia i chaosu leżą tuż pod powierzchnią naszego świata. Jörmungandr reprezentuje również niekończący się cykl istnienia, w którym życie wyłania się ze śmierci, a śmierć zwiastuje życie. W swoim okrągłym uścisku trzyma złożoność wszechświata, symbolizując nierozerwalne więzi między stworzeniem i zniszczeniem, porządkiem i nieporządkiem, bogami i potworami.

FENRIR : WILK UWOLNIONY

W sercu dzikich i tajemniczych krain mitologii nordyckiej, potężna bestia wyje w świetle księżyca, odbijając się echem przez wieki. Fenrir, Nieujarzmiony Wilk, syn Lokiego i olbrzymki Angrbody, jest istotą o oszałamiającej sile i niezrównanej dzikości. Jego imię wywołuje zarówno strach, jak i podziw, ponieważ przeplata się w nim pierwotna dzikość natury i przeznaczenie tragicznie splecione z przeznaczeniem samych bogów.

Sylwetka Fenrira wyróżnia się na tle gwiaździstych północnych nocy, ogromna i onieśmielająca. Jego oczy są jak dwa krwawe księżyce, odbijające ostre światło bezlitosnego wszechświata, w którym się urodził. Każde włókno jego istoty wydaje się wibrować z surową siłą, jego mięśnie zwijają się pod płaszczem tak ciemnym, jak tajemnice, które nosi. Kły Fenrira, białe jak drzazgi kości, są obietnicą zniszczenia, a jego wycie jest złowieszczym omenem, który mrozi krew w żyłach wszystkich, którzy go słyszą.

Od momentu narodzin Fenrir wzbudzał strach. Jego szybki wzrost i niezwykła siła były głównym źródłem niepokoju dla Aesir, bogów nordyckiego panteonu. Wiedzieli, że przepowiednia Ragnarök, końca świata, mówi o kolosalnym wilku, który będzie plagą dla bogów w ostatecznej bitwie. Obawiając się, że Fenrir był tym wilkiem, postanowili go powstrzymać.

Ale jak okiełznać siłę natury? Jak powstrzymać coś, co uosabia zarówno dziką wolność, jak i niepohamowaną siłę? Bogowie podjęli kilka prób związania Fenrira różnymi łańcuchami, z których wszystkie zostały wykute dzięki najwyższym umiejętnościom bogów. Za każdym razem jednak Fenrir zrywał więzy, a jego siła rosła wraz z jego legendą.

W końcu bogowie wezwali krasnoludów, jednych z najbardziej zręcznych rzemieślników, do wykucia okowów, jakich jeszcze nie było. Nie był to zwykły łańcuch, ale raczej obietnica przymusu, wykonana z sześciu niemożliwych elementów: odgłosu kroków kota, kobiecej brody, korzeni góry, ścięgien niedźwiedzia, strachu ryby i śliny ptaka. Ten łańcuch, zwany Gleipnir, był zarówno delikatny, jak i silniejszy niż cokolwiek, co widzieliśmy wcześniej.

Podejrzliwy i wcale nie oszukany Fenrir przyjął wyzwanie próby złamania Gleipnira pod jednym warunkiem: jeśli bogowie chcieli go oszukać, jeden z nich musiał włożyć rękę do pyska wilka na znak dobrej wiary. Odważny bóg Tyr wystąpił naprzód, wiedząc, jaką cenę będzie musiał zapłacić, jeśli coś pójdzie nie tak.

Gdy Gleipnir owinął się wokół niego, Fenrir zdał sobie sprawę, że żadna brutalna siła go nie uwolni. Z wściekłości zatrzasnął szczęki, zabierając rękę Tyra i pozostawiając boga okaleczonego.

Pozostali bogowie, teraz zarówno z ulgą, jak i przerażeniem, przywiązali jeden koniec łańcucha do gigantycznej skały, zakotwiczając Fenrira do ziemi. Umieścili miecz w jego otwartej paszczy, upewniając się, że nie może zamknąć szczęki, skazując wilka na stan ryczącej bezradności aż do dnia Ragnarök.

Historia Fenrira to opowieść o nieokiełznanej sile, o dzikiej wolności, która została uciszona, ale nie zgasła. To przypomnienie, że nawet bogowie mogą się bać, że nawet wśród tych, którzy zasiadają w majestatycznych salach, istnieje uznanie dla dzikości, nieokiełznania, potencjału chaosu.

Fenrir pozostaje, jego oczy płoną buntem, potężnym symbolem niekontrolowanej natury i nieuchronnej rewolucji. Mówi się, że podczas Ragnarök Fenrir wyrwie się z łańcuchów i pochłonie słońce, pogrążając świat w apokaliptycznej ciemności. Reprezentuje nieuchronny koniec i transformację, cykl zniszczenia niezbędny do odrodzenia.

Il lupo scatenato uczy nas, że nawet w ciemności jest siła, odporność i że wolność, we wszystkich jej formach, jest czymś, o co warto walczyć, niezależnie od tego, czy osiąga się ją sprytem, siłą czy akceptacją naszej wewnętrznej dzikości.

KRASNOLUDY I ELFY

W migoczących cieniach pod górami i eterycznych światłach starożytnych lasów mitologii nordyckiej, dwie mistyczne rasy żyją i oddychają równoległymi, ale głęboko powiązanymi ze sobą rzeczywistościami: krasnoludami i elfami. Istoty te, choć często spychane na margines epickich opowieści bogów, noszą w sobie historie i tajemnice, które zasługują na ujawnienie.

Krasnoludy: Rzemieślnicy ciemności

Zrodzone z ciała Ymira, pierwszej żywej istoty według mitologii nordyckiej, krasnoludy wyłoniły się jako stworzenia ziemi. Zamieszkują Svartalfheim, jeden z dziewięciu światów wspieranych przez drzewo życia Yggdrasil, gdzie zagłębiają się w głębiny ziemi, owinięte tajemnicami, które skrywa. W przeciwieństwie do często uproszczonych przedstawień, krasnoludy są istotami o niezwykłym wyrafinowaniu.

Ich zwietrzałe twarze, oświetlone blaskiem płonących kuźni, odzwierciedlają wyjątkową inteligencję i umiejętności. Ci mistrzowie rzemiosła kształtują metale i kamienie szlachetne, tworząc przedmioty o magicznych mocach. Brzęk ich młotów tworzy broń zdolną obalać góry, biżuterię, która zmienia bieg serc i zbroję lekką jak piórko, ale twardą jak wola bogów.

Jedna ze słynnych historii wiąże się z ich niezrównanymi umiejętnościami: stworzeniem Mjöllnira, młota Thora. To ich mistrzostwo w kuźni dało początek tej legendarnej broni, zaprojektowanej jako gwarant równowagi między chaosem a porządkiem. Geneza Mjöllnira to historia wyzwania i pomysłowości, ponieważ wykucie takiego przedmiotu wymagało jedynie opanowania ognia, ziemi, powietrza, a nawet czasu.

Jednak ich geniusz ma swoją cenę. Legendy mówią o krasnoludach, które stały się chciwe, a ich pragnienie bogactw mineralnych doprowadziło je do konfliktu zarówno między sobą, jak i z innymi rasami. Ich podziemny świat, choć pełen cudów, jest także labiryntem pełnym niebezpieczeństw i zdrady, gdzie magia może czasem rodzić szaleństwo.

Elfy: Odłamki naturalnego światła

W przeciwieństwie do swoich podziemnych odpowiedników, elfy z mitologii nordyckiej zamieszkują Alfheim, skąpane w miękkim świetle gwiazd i spokoju starożytnych polan. Te istoty, przedstawione z gracją, która wydaje się przeczyć solidności otaczającego je świata, są strażnikami wiedzy przyrodniczej, żyjącymi w harmonii z lasami, które nazywają domem.

Elfy są często opisywane z pięknem, które inspiruje zarówno podziw, jak i zdumienie. Ich związek z naturą wykracza poza zwykłą ochronę. Śpiewają z wiatrem, tańczą z deszczem i opowiadają starożytne historie, których nawet drzewa zdają się uważnie słuchać. Są uzdrowicielami, doradcami i opiekunami, czuwającymi nad równowagą życia z łagodną, ale niezachwianą determinacją.

Ich historia jest utkana ze współpracy, ale także konfliktów z bogami, oferując schronienie lub czasami decydując się trzymać z dala od kosmicznych wojen, które grożą rozerwaniem światów. Symbolicznym epizodem w ich tajemnicy i mocy jest stworzenie miodu pitnego poezji, boskiego napoju zaprojektowanego, aby oferować mądrość i inspirację, poszukiwanie, które obejmowało bogów, ludzi i subtelną sztukę elfów.

Elfy, ze swoim głębokim związkiem z magią natury, odegrały również kluczową rolę w utrzymaniu równowagi świata, często prowadząc lub doradzając bohaterom i bogom w czasach głębokiego kryzysu.

I tak, we wnętrznościach ziemi i szeptach liści, krasnoludy i elfy śledzą swoją drogę przez historię mitologii nordyckiej. Przypominają, że w każdej opowieści, bez względu na to, jak wspaniali są jej bohaterowie, istnieją drobniejsze i bardziej subtelne wątki tkane przez mniej oczywiste, ale równie potężne ręce. Stworzenia te, choć różne pod względem istoty i miejsca zamieszkania, mają wspólne mistrzostwo w magii i mistycyzmie, cicho, ale pewnie strzegąc starożytnych tajemnic i kruchej równowagi ich legendarnego świata.

LODOWI GIGANCI

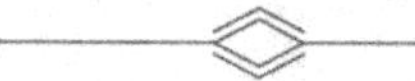

Głęboko w mroźnych, niegościnnych krainach Jotunheimu, z dala od oczu ludzi i bogów, żyją kolosalne i potężne istoty znane jako lodowe olbrzymy. Te tytaniczne stworzenia, wyrzeźbione z samego śniegu i lodu, są starsze niż ludzkie sagi i zimniejsze niż najbardziej bezlitosna zima. Ich skóra przypomina wyrzeźbione płyty lodu, chwytające okrutny blask zorzy polarnej, a ich żyły wydają się zawierać furię samych burz śnieżnych.

Narodziny epoki lodowcowej

Lodowe olbrzymy, lub Jötnar, nie są po prostu biernymi mieszkańcami swojego zamarzniętego królestwa; są pierwotnymi dziećmi chaosu, zrodzonymi z Ymira, pierwszej z żywych istot, której ciało dało początek stworzeniu świata w mitologii nordyckiej. Podczas gdy bogowie Aesir reprezentowali porządek i cywilizację, lodowe olbrzymy uosabiały brutalną siłę natury, nieuchronną entropię, która dąży do przywrócenia wszystkich rzeczy do stanu zimnego spustoszenia i nieporządku.

Od niepamiętnych czasów lodowe olbrzymy były w konflikcie z bogami, gromkim echem uniwersalnej walki między stworzeniem a zniszczeniem. Ta wrogość nie była bezpodstawna, ponieważ Jötnarowie mieli we krwi kwestionowanie struktur, które bogowie starali się utrzymać. Było nieuniknione, że te przeciwstawne siły zderzą się w serii konfrontacji, które ukształtowały przeznaczenie światów.

Jedna z najbardziej emblematycznych historii tej odwiecznej rywalizacji dotyczy najbardziej przerażającego i szanowanego boga w nordyckim panteonie: Thora, nosiciela Mjöllnira. Sagi opowiadają o jego śmiałych podróżach do Jotunheimu, konfrontacji z gigantami z gromkim gniewem, który dorównywał samym burzom. Każde uderzenie jego legendarnego młota mogło rozerwać niebo, a jednak każdy lodowy gigant, z którym się zmierzył, stał z siłą lodowców, stanowiąc niewzruszone wyzwanie dla jego potęgi.

Loki: Zmieniające się ogniwo

Złożoność egzystencji lodowych gigantów jest przejmująco uosabiana przez Lokiego, jedną z najbardziej enigmatycznych postaci w mitologii nordyckiej. Chociaż żył wśród bogów Asgardu, Loki urodził się z krwi olbrzyma. Jego przebiegły umysł i często nieuchwytne intencje ilustrowały burzliwą więź między Jötnar i Aesir. Loki nieustannie przypominał, że lodowe olbrzymy nie były po prostu monolitami wściekłości i lodu, ale istotami zdolnymi do przebiegłości, inteligencji i intryg.

Najbardziej przerażająca i krytyczna rola lodowych gigantów ma miejsce podczas Ragnarök, apokaliptycznej przepowiedni, która zapowiada upadek bogów. Starożytne nordyckie legendy opowiadają o nieubłaganym postępie lodowych gigantów w kierunku Asgardu, domeny bogów, pod koniec czasu. Nadchodzą z siłą wiecznej zimy, łamiąc granice między światami i zapowiadając erę niekończącego się zimna i nocy.

Na polu bitwy Jötnar nie są zwykłymi przeciwnikami; są wcieleniem unicestwienia. Walczą nie dla chwały czy terytorium, ale dla czystego aktu zniszczenia. Ogień i lód mieszają się, światy drżą, a lodowe olbrzymy posuwają się naprzód, tak nieustępliwe jak sama śmierć.

Historia lodowych gigantów to saga kosmicznego konfliktu, oda do pierwotnej potęgi dzikiej przyrody, niekontrolowanej przez aspiracje i pragnienia bogów. W swojej furii i sile przypominają nam, że nawet bogowie muszą stawić czoła siłom starszym i dzikszym niż oni sami, a porządek nigdy nie jest trwały. Odległy ryk lodowych gigantów niesie ze sobą echo wieków, dźwięk, który rezonuje z chłodem otchłani i obietnicą niekończącej się walki z nieubłaganym postępem chaosu i zimna.

Kraken: Terror of the Seas

W otchłani oceanu, gdzie nie dociera światło słoneczne, żyje stworzenie tak potworne, że sama jego nazwa wprawia w drżenie nawet najbardziej zatwardziałych żeglarzy. Kraken, legendarny postrach mórz, od wieków nawiedzał wyobraźnię ludzkości, żeglując między mitem a rzeczywistością, zawsze obecny w szeptanych opowieściach o falach i sztormach. Ten kolosalny potwór morski, przypominający ośmiornicę lub kałamarnicę, słynie z ogromnych rozmiarów i skłonności do wynurzania się z głębin i połykania statków w całości.

Widmo z głębin

Kraken nie jest zwykłą bestią. To fenomen, siła natury, która uosabia niezgłębioną i nieubłaganą dzikość samego oceanu. Z zadeklarowanymi mackami zdolnymi do okrążenia i zmiażdżenia kadłubów statków oraz ciałem tak ogromnym, że można by je pomylić z wyspą, stworzenie to jest nie tyle zwierzęciem, co żywą legendą, tajemnicą, która wciąż wymyka się ludzkiemu zrozumieniu.

Pierwsze wzmianki o Krakenie pochodzą ze skandynawskich sag. Żeglarze mówili o gigantycznym stworzeniu zdolnym do tworzenia śmiercionośnych wirów, aby zwabić ofiarę w swoją rozdziawioną paszczę. Bestia była tak ogromna, że żeglarze często mylili ją z archipelagiem małych wysp i tak okrutna, że same oceany zdawały się naginać do jej woli.

Legendy o Krakenie nie ograniczają się do opowieści nordyckich żeglarzy; rozciągają się na wieki i przekraczają granice, przenikając do morskiej świadomości świata. Wraz z rozwojem nawigacji i eksploracji transoceanicznej, opowieści o spotkaniach z Krakenem mnożyły się, a każda historia potęgowała rozmiar, siłę i przerażenie, które inspirowało to stworzenie.

W tych opowieściach Kraken nigdy nie pojawia się tak po prostu. Poprzedzają go znaki: dziwnie spokojne morze, niespodziewana mgła lub nagłe poruszenie wśród ryb. Następnie, w wybuchu wodnego chaosu, wyłania się, a jego gigantyczne macki wynurzają się z głębin niczym węże morskie, gotowe pochwycić wszystko, co znajdzie się w ich zasięgu.

Do najbardziej dramatycznych opowieści należą te o bitwach między Krakenem a zdesperowanymi ludźmi walczącymi o przetrwanie. Nie były to zwykłe starcia; były to epickie, homeryckie bitwy przeciwko stworzeniu o niemal boskiej mocy. Żeglarze wystrzeliwali harpuny, strzały, a nawet kule armatnie, ale często ich ataki służyły jedynie jeszcze większemu rozjuszeniu bestii.

W tych chwilach desperackiej walki Kraken nie był po prostu przeciwnikiem. Był manifestacją najgorszych koszmarów ludzkości, przypomnieniem naszej znikomości w obliczu pierwotnych sił natury.

Poza legendą

Z biegiem wieków legenda o Krakenie zaczęła fascynować nie tylko żeglarzy, ale także naukowców. Przyrodnicy i odkrywcy zaczęli kwestionować prawdziwość tych opowieści o morskich potworach. Niektórzy teoretyzowali, że Kraken może być przesadzoną obserwacją gigantycznych kałamarnic, prawdziwych, ale enigmatycznych stworzeń z głębin oceanu.

Jednak nawet w badaniach naukowych Kraken odmawiał prostej kategoryzacji. Pozostawał nieuchwytny, zawsze na granicy między światem przyrody a sferą folkloru.

Kraken, w swoim ogromie i tajemniczości, wykracza poza pojęcie zwykłej morskiej bestii. Stał się symbolem nieznanego, niezbadanej otchłani, która istnieje pod falami, czekając w ciemności. W każdej opowieści szeptanej przez drżące usta, w każdym artystycznym przedstawieniu jego szalejących macek, Kraken konfrontuje nas z pytaniem, które prześladuje ludzkość od czasu, gdy po raz pierwszy wypłynęliśmy na morze: jakie tajemnice, jakie potwory czają się w niezgłębionych głębinach pod nami? A co ważniejsze, czy jesteśmy gotowi stawić czoła terrorowi, który reprezentują?

CZĘŚĆ IV: BOHATEROWIE I LEGENDY

SIGURD: POGROMCA SMOKÓW

W panteonie legendarnych bohaterów niewielu może pochwalić się tak śmiałymi wyczynami jak Sigurd, pogromca smoków. Jego sława, wykuta w ogniu i krwi, rozciąga się na wieki, zakorzeniona w bogactwie mitologii nordyckiej. Znany w różnych kulturach pod różnymi imionami - Siegfried w germańskich opowieściach - historia Sigurda to historia niezłomnej odwagi, miażdżącej tragedii i niezachwianego przeznaczenia.

Świt bohatera

Sigurd od urodzenia był kimś więcej niż zwykłym śmiertelnikiem. Syn Sigmunda, króla Hunalandu, i pięknej Hjordis, był bezpośrednim potomkiem Odyna, najwyższego boga w nordyckiej kosmogonii. Pozbawiony ojca od najmłodszych lat, Sigurd wychowywał się na dworze króla Hjalpreka, gdzie zaczęła objawiać się jego śmiała natura i nadludzka siła.

Pod okiem Regina, królewskiego kowala o wielkiej mądrości, ale mrocznych zamiarach, Sigurd nauczył się sztuki walki, poezji, historii królów i bogów oraz sekretów przebiegłości. Ale to historia Fafnira, chciwego człowieka przemienionego w smoka z powodu obsesji na punkcie złota, rozpaliła wyobraźnię i przeznaczenie Sigurda. Fafnir, niegdyś człowiek, był bratem Regina. Przemieniony przez

swoją chciwość po zabiciu ojca dla przeklętego złota
Andvari, Fafnir przybrał postać potwornego smoka, aby
strzec swojego skarbu.

Miecz królów

Zanim Sigurd mógł zmierzyć się ze smokiem,
potrzebował broni godnej jego misji. Regin wykuł dla niego
miecz, ale złamał się podczas testów. Sfrustrowany i
zdeterminowany Sigurd poprosił matkę o fragmenty miecza
ojca, Grama, znanego z magicznej siły i należącego niegdyś
do samego Odyna. Z tych fragmentów Regin wykuł nowy
miecz, tak ostry, że mógłby rozłupać żelazny pierścień,
gdyby go na niego upuścić. Ten odrestaurowany miecz
oznaczał nie tylko dziedzictwo Sigurda, ale także
przychylność bogów, ciche zapewnienie jego przyszłej
chwały.

Upadek smoka

Uzbrojony w Gram, Sigurd jechał z Reginem do legowiska Fafnira, przedzierając się przez pustkowia, gdzie ziemia była czarna od trucizny, a powietrze wypełnione strachem. Regin, ogarnięty strachem i żądzą, poradził Sigurdowi, by wykopał głęboką dziurę i czekał tam na smoka, by zadać mu śmiertelny cios w serce, gdy się ześlizgnie.

Bitwa, która nastąpiła, była przerażająca. Fafnir, ogromny i straszny, pluł jadem i ryczał z wściekłości, wstrząsając samą ziemią. Ale Sigurd pozostał nieustraszony.

Gdy smok przeleciał nad głową, Sigurd uderzył Gramem, przebijając stwardniały brzuch bestii. Fafnir, w ostatnim porywie okrucieństwa, próbował przekląć Sigurda, ale bohater nie dał się zastraszyć. Słuchał, jak umierający smok mówił o swoim przeklętym skarbie, zasiewając w umyśle Sigurda ziarno tragedii.

Krew i mądrość

Zgodnie z instrukcjami Regina, Sigurd wypił krew Fafnira i upiekł jego serce. W ten sposób zyskał zdolność rozumienia języka ptaków. Ptaki powiedziały mu o zamiarze zdrady Regina i ostrzegły go przed klątwą ciążącą na skarbie. Zdając sobie sprawę z prawdy, Sigurd zabił Regina, uwalniając mroczne sekrety splecione wokół niego.

Po tych fatalnych wydarzeniach Sigurd wykąpał się w smoczej krwi, która sprawiła, że jego skóra stała się tak twarda jak zbroja. Jedynie liść zaklinowany między łopatkami pozostawiał wrażliwe miejsce, znak jego śmiertelności i być może zawoalowaną przepowiednię jego upadku.

Przeklęty skarb i tragiczna miłość

Sigurd zabrał przeklęty skarb Fafnira i kontynuował swoje przygody, podróżując po odległych krainach. Jego wyczyny doprowadziły go do spotkania z piękną Brynhildą, walkirią uwięzioną w zamku otoczonym płomieniami. Odważnie przekroczył ogień i pocałunkiem obudził Brynhildę z zaczarowanego snu. Zakochali się w sobie do szaleństwa, ale ich szczęście miało być krótkotrwałe.

Manipulacje, złamane przysięgi i okrutny los rozdzieliły ich, zmuszając Sigurda do poślubienia innej kobiety, Gudrun. Cień Brynhild zawisł jednak nad ich związkiem.

Zazdrość, konflikty i nieporozumienia zakończyły się krwawą łaźnią, która doprowadziła do tragicznej śmierci Sigurda, zdradzonego i zabitego, gdy miecz jego szwagra wbił się w jego najsłabszy punkt.

Legenda o Sigurdzie, pogromcy smoków, to saga pełna chwały, namiętności i rozpaczy. W swoich triumfach był większy niż życie, bohater, którego imię przywoływało odwagę i wielkość. W swoich tragediach był głęboko ludzki, człowiek uwikłany w wiry losu i zagłady, jego miłość i życie utracone w wirach sił, których żaden śmiertelnik, nawet pogromca smoków, nie mógł kontrolować.

WALKIRIE: WYBRANCY UPADLYCH

W głębi burzliwego skandynawskiego nieba, gdzie ciężkie chmury spotykają się ze starożytnymi szczytami górskimi, legendy mówią o postaciach równie wspaniałych, co bezlitosnych. Są to Walkirie, niebiańskie wojowniczki z mitologii nordyckiej, tkające nici przeznaczenia pośród chaosu bitwy.

Te nadprzyrodzone istoty, przemierzające niebiosa na koniach, uosabiają śmierć, zwycięstwo i proroctwo, łącząc światy bogów, ludzi i zmarłych w wiecznym cyklu zniszczenia i odrodzenia.

Wysłannicy Odyna

Walkirie, których imiona dosłownie oznaczają "wybranki grobów", są sługami boga Odyna. Często opisywane są jako piękne młode kobiety uzbrojone w hełmy i włócznie, dosiadające koni zdolnych do pokonywania powietrza i oceanu. Ale ich piękno jest dalekie od delikatności. Są zaciekłe i straszne, ponieważ te żeńskie bóstwa mają władzę nad życiem i śmiercią wojowników.

Zstępują na pola bitew, ich zbroje błyszczą w świetle błyskawic, tworząc spektakl światła, blasku i strachu. Gdy wojownicy walczą z furią desperatów, Walkirie wybierają spośród nich, decydując, kto przeżyje, a kto umrze. Ci, którzy polegną w bitwie, mogą znaleźć śmierć pod czubkiem włóczni lub zostać wybrani do pośmiertnej egzystencji w chwale.

Hall of the Brave

Największą nagrodą, jaką może zaoferować Walkiria, jest miejsce w Valhalli, majestatycznej sali Odyna w Asgardzie, krainie bogów. Valhalla to miejsce wiecznej chwały, gdzie wojownicy, zwani teraz Einherjar, są przeznaczeni do walki i życia aż do końca czasów, Ragnarök.

Każdego dnia, w tym wspaniałym domu, Einherjar angażują się w braterską walkę, a ich rany cudownie goją się każdej nocy. Same Walkirie serwują wojownikom jedzenie i miód pitny, wydobywany z sutka kozy Heidrun, tworząc atmosferę koleżeństwa, ucztowania i bohaterskich opowieści.

Tkacz snów

Oprócz ich roli na polu bitwy, Walkirie zajmują szczególne miejsce w sercach wojowników jako tkaczki snów i omenów. Przed bitwą wojownicy szukali wizji Walkirii, aby przewidzieć swój los. Pojawienie się Walkirii we śnie może oznaczać ochronę i rychłe zwycięstwo lub chwalebną śmierć i wyniesienie do Walhalli.

Opowieści mówią o Walkiriach tkających magiczne sieci z ludzkich jelit, używających ludzkich czaszek jako ciężarków i mieczy jako czółenek. Tkanie to nie było zwykłą pracą, ale raczej symbolicznym przedstawieniem przeznaczenia, w którym każda nić reprezentowała ludzkie życie. Działania te wzmacniały ich rolę jako agentów przeznaczenia, decydujących nie tylko o śmierci na polu bitwy, ale także o ogólnej trajektorii ludzkiego życia.

Tajemniczy i wieloraki

Walkirii było wiele, niektóre legendy mówią o sześciu, inne o trzynastu, a jeszcze inne o wielu innych. Każda z nich miała własne imię, często odzwierciedlające aspekty wojny i śmierci, takie jak Skuld (przyszłość), Göndul (zaklinacz różdżek) lub Hildr (bitwa). Były tak różnorodne jak gwiazdy na niebie, każda z własną osobowością, własną historią i własną mocą.

Wśród tych postaci najbardziej znana jest historia Brunehilde. Pierwotnie Walkiria, została ukarana przez Odyna i zmuszona do życia jako śmiertelniczka po nieposłuszeństwie jego rozkazom. Jej historia, najlepiej znana ze średniowiecznego niemieckiego eposu "Pieśń o

Nibelungach" i serii oper Richarda Wagnera "Pierścień Nibelunga", pokazuje tragiczną bohaterkę, wojowniczkę, która znalazła i straciła miłość, a na koniec doznała rozdzierającego serce końca.

Poza wojną i śmiercią

Walkirie nie są jednak tylko posłańcami śmierci. Są one nierozerwalnie związane z transformacją i cykliczną odnową. Prowadząc dusze poległych wojowników i służąc bogom, podtrzymują kosmiczny porządek, równoważąc siły zniszczenia obietnicą odrodzenia.

Ich istnienie łączy światy bogów, śmiertelników i zmarłych, służąc jako mosty między tymi światami. W wielkim cyklu mitologii nordyckiej, w którym światy mają zginąć w ogniu i lodzie, zanim ponownie się odrodzą, Walkirie odgrywają kluczową rolę w utrzymaniu ciągłości i nadziei pośród rozpaczy.

W Echos du Temps

Od starożytnej poezji skaldycznej po współczesne dzieła sztuki, Walkirie urzekają i inspirują. Ich wizerunki przywołują na myśl kobiecą siłę, tajemnicę śmierci i majestat wojny. Pozostają one jednymi z najtrwalszych i najbardziej fascynujących postaci w mitologii nordyckiej, wiecznie wędrując przez wieki, nieokiełznane i ponadczasowe, w burzowych przestworzach ludzkiej wyobraźni.

BEOWULF: SILA GEATA

W otulającym mroku starożytnej historii, gdzie opowieści o potworach, bohaterach i odległych królestwach wciąż odbijają się echem przez wieki, żadne imię nie świeci jaśniej niż Beowulf, dumny wojownik z Geat. Jego siła była legendarna, jego odwaga niezachwiana, a jego wyczyny, będące mieszanką rzeczywistości i mitologii, nadal rozpalają wyobraźnię przyszłych pokoleń.

Wojownik Geatland

Beowulf, potężny wojownik Geatów, pochodził z południa dzisiejszej Szwecji. Był znany ze swojej niezrównanej siły fizycznej, zdolnej do łamania mieczy gołymi rękami i walki z najbardziej przerażającymi stworzeniami. Był mężczyzną ogromnej postury, a jego szerokie ramiona i wybrzuszone mięśnie były widoczną manifestacją jego legendarnej siły.

Ale Beowulf był nie tylko silnym mężczyzną. Był także mądry i lojalny, obdarzony silną wolą i elokwentny. Zasadniczo był idealnym germańskim bohaterem: nieustraszonym wojownikiem, lojalnym przyjacielem i zagorzałym obrońcą swojego ludu.

Terror Grendela

Legenda o Beowulfie została zapisana w historii dzięki jego walce z Grendelem, okrutnym i krwiożerczym potworem. Grendel terroryzował Duńczyków, nieustannie atakując wspaniałą salę Heorot, zbudowaną przez króla Hrothgara. Potwór pojawiał się w nocy, bezlitośnie pożerając tych, którzy stanęli mu na drodze. Zapanował terror, a Heorot, niegdyś symbol radości i braterstwa, stał się domem nawiedzanym przez cienie śmierci.

Kiedy wiadomość o okrucieństwach Grendela dotarła do Beowulfa, nie wahał się ani chwili. Widząc okazję do udowodnienia swojej odwagi, wyruszył w niebezpieczną podróż przez szalejące morza ze swoimi najdzielniejszymi ludźmi. Przybywając na duńską ziemię, Beowulf został przyjęty z rozpaczą, ale także z nadzieją, że ten potężny wojownik z Geatland może być ich zbawieniem.

Gdy zapadła noc, Beowulf i jego towarzysze czekali na powrót bestii. Nie zawiedli się. Grendel wkroczył do Heorot z furią samego piekła. To właśnie wtedy Beowulf spotkał się z nim w bitwie bez broni, brutalnej walce czystej siły, w której sala rozbrzmiewała okrzykami ludzi i rykiem potworów.

Beowulf, z nadprzyrodzoną siłą, oderwał ramię Grendela, wysyłając wyjącego potwora w noc, pozostawiając ślad czarnej krwi oznaczający jego drogę do śmierci. Sala Heorot została uwolniona, a Beowulf został uznany za bohatera. Potworne ramię zostało zawieszone w Heorot jako symbol zwycięstwa i nieokiełznanej siły Beowulfa.

Zemsta matki

Triumf był jednak krótkotrwały. Matka Grendela, równie przerażająca istota, wyłoniła się z mrocznych głębin, by pomścić śmierć syna. Zaatakowała Heorot z oślepiającą furią, siejąc śmierć i rozpacz. Beowulf wiedział, że musi działać. Obiecał pokonać nowe zagrożenie i zaprowadzić pokój.

Zanurzył się w ciemnym jeziorze, domenie matki Grendela, gdzie został wciągnięty w niemal śmiertelną bitwę. W ciemnych głębinach, gdzie zwykłe miecze były bezużyteczne, Beowulf znalazł gigantyczny miecz wykuty przez gigantów. Zabił nim matkę Grendela, przecinając jej monstrualne ciało. Po raz kolejny Beowulf odniósł zwycięstwo.

Zmierzch bohatera

Beowulf powrócił do domu, gdzie przez wiele lat panował jako król Geatów, mądry i sprawiedliwy. Jednak los miał w zanadrzu jeszcze jedną bitwę. Smok, wściekły, że złodziej naruszył jego skarb, zaczął pustoszyć ziemię.

Beowulf, choć stary, był zdeterminowany, by chronić swój lud. Zmierzył się ze smokiem w bitwie, która miała być jego ostatnią. Uzbrojony w odwagę i siłę, walczył dzielnie, ale smok był potężnym przeciwnikiem. W tej ostatecznej bitwie Beowulf zabił smoka, ale został śmiertelnie ranny, a jego ciało zostało zniszczone przez lata wojny i chwały.

W swoich ostatnich słowach Beowulf poprosił o możliwość zobaczenia skarbu, który przechowywał smok, pocieszając się faktem, że jego lud będzie teraz bogaty i bezpieczny. Umarł jako bohater, a jego ciało zostało spalone na stosie pogrzebowym, podczas gdy jego lud opłakiwał stratę króla, obrońcy i przyjaciela.

Dziedzictwo bohatera

Historia Beowulfa zaginęła w półmroku legend, gdzie granice między historią a mitem są nieodwracalnie zatarte. Ale w tych mgłach czasu legenda o Beowulfie jest jasna i nieokiełznana. To ponadczasowa opowieść o odwadze, lojalności i wiecznej walce z ciemnością - przypomnienie, że nawet w obliczu potworów nie do pokonania siła ludzkiego serca może zwyciężyć. W echu jego imienia odnajdujemy echo naszego własnego człowieczeństwa, odważnego i niedoskonałego, zawsze gotowego do walki o to, co słuszne.

CZĘŚĆ V: EPICKIE SAGI

ZMIERZCH BOGÓW: RAGNARÖK

W sercu starożytnych nordyckich sag, gdzie los i rozpacz spotykają się, leży ostateczna historia, zmierzch bogów: Ragnarök. Ten kataklizm oznacza nie tylko koniec, ale także nieuniknioną odnowę, odrodzenie po całkowitym zniszczeniu. W szeptach lodowatego wiatru i cieniach gęstych północnych lasów opowiadana jest historia dnia, w którym bogowie sami spotykają swój los.

Cień przed burzą

Zanim zabrzmiały wojenne bębny, zanim niebo runęło, a święte więzy zostały zerwane, pojawiły się zwiastuny Ragnarök. Był to okres znany jako Fimbulvetr, trzy kolejne zimy bez lata pomiędzy nimi. Głód rozprzestrzenił się po całej krainie, brat walczył z bratem, a niezgoda rozdarła samą tkankę istnienia. Niebiańskie wilki, Sköll i Hati, w końcu odniosły sukces w swoim nieustępliwym pościgu, połykając słońce i księżyc i pogrążając świat w bezprecedensowej ciemności.

W tej ciemności wszystkie istoty ogarnęła namacalna udręka. Bogowie, giganci, elfy, a nawet skromni śmiertelnicy wyczuwali, że nici przeznaczenia zostały nieodwołalnie splecione, zwiastując konfrontację, z której nikt nie mógł wyjść bez szwanku.

Szczelina światów

To z przerażającym rykiem Jörmungandra, węża Midgardu okrążającego ziemię, Ragnarök został naprawdę uwolniony. Ogromne stworzenie wykrzywiło się, rozbijając oceany i powodując fale pływowe, które pochłonęły wybrzeża. Świat trząsł się tak intensywnie, że drzewa wyrywały się z ziemi, a góry waliły się na siebie.

Chaos nasilił się, gdy Fenrir, gigantyczny wilk, zerwał swoje łańcuchy i przemierzał świat, a jego rozdziawiona paszcza połykała wszystko na swojej drodze. Samo niebo zdawało się pękać, a gwiazdy spadały, co było znakiem, że najdalsze zakątki kosmosu brały udział w tym tańcu zniszczenia.

Ostateczne pole bitwy

Wibrato rogów wojennych odbiło się echem w dziewięciu światach, wzywając walczących do ostatecznej konfrontacji na równinach Vigrid. Tam bogowie Asgardu, prowadzeni przez Odyna, Króla Bogów, przygotowywali się do bitwy. Wraz z nimi, dzielni polegli wojownicy wybrani przez Walkirie opuszczali złote sale Valhalli. Wiedzieli, że ich czas, cel, dla którego zostali wybrani, w końcu nadszedł.

Naprzeciw nich stanęli giganci chaosu, siły ciemności i ruiny, dowodzone przez Lokiego, wiecznego inicjatora oszustw i zmian. U ich boku stały legendarne potwory, uwolnione z kajdan i gotowe rozerwać świat na strzępy, by ukształtować nowy.

Rozpoczęła się bitwa, zaciekła walka rozdzierająca kruchą zasłonę istnienia. Bogowie, pełni mocy i odwagi, stawili czoła swoim przeciwnikom z niezłomną siłą. Thor, obrońca ludzkości, walczył z Jörmungandrem w tytanicznej bitwie, a ziemia drżała pod ich ciosami. Odyn, uzbrojony we włócznię i dosiadający wiernego rumaka, stawił czoła Fenrirowi, świadomy przepowiedzianego losu.

Upadek Bogów

W tym apokaliptycznym zamieszaniu wypełniały się starożytne proroctwa. Wielcy zostali ścięci, a ich nadzieje i wysiłki zmieszane z kurzem i krwią na podłodze Vigrid. Odyn padł pod kłami Fenrira, a ryk zwycięstwa i rozpaczy odbił się echem po całym świecie. Thor, pokonawszy Jörmungandra, uległ jego jadowi, a jego ostatnie siły wyczerpały się, gdy wypełniał swój ochronny obowiązek.

Wokół nich bogowie i giganci padali jeden po drugim, a echa ich odwagi ginęły w zgiełku. Starożytny świat został zniszczony, a jego strażnicy i mieszkańcy zniknęli w płomieniach zmian i końca.

Renesans wśród ruin

A jednak nawet w tej ciemności było światło. Zniszczenie Ragnarök nie było ostatecznym zakończeniem, ale gwałtownym przejściem do nowego początku. Spośród gruzów starego świata wyłaniały się młode, zielone pędy. Dwoje ludzi, Lif i Lifthrasir, wyłoniło się ze swoich kryjówek, by ponownie zaludnić ziemię.

Na niebie wschodziło nowe słońce, znak promiennego początku po najciemniejszej nocy. Nieliczni ocalali bogowie, na czele z synem Odyna Vidarem i jego bratem Baldrem, którzy powrócili z krainy umarłych, gromadzili się na odnowionych równinach Idavoll, rozmawiając o starym świecie, wspominając swoich poprzedników i snując plany na nadchodzące dni.

Tak więc, w wiecznym cyklu końców i początków, historia Ragnarök przypomina nam, że nawet w zniszczeniu jest stworzenie. Że końce są również początkami, a odporność jest najtrwalszym dziedzictwem pozostawionym ludzkości przez bogów.

Nordic Grail Quest: Brisingamen

W ciemnych lasach Północy i za skalistymi górami, gdzie cisza przemawia, a echa bogów szepczą, rozgrywa się saga o pożądaniu, oszustwie i nieustannych poszukiwaniach. Oto historia Brisingamen, naszyjnika Brísingar, ozdoby o niezrównanym pięknie, utkanej w świetle gwiazd i blasku księżyca. Brisingamen jest czymś więcej niż tylko biżuterią, symbolizuje nieosiągalną doskonałość, poszukiwanie dla wszystkich, którzy chcą wypełnić pustkę w swojej duszy.

Odłamek ciemności

Wszystko zaczęło się od czterech krasnoludów, zręcznych i tajemniczych synów Ivaldiego, pracujących w swojej sekretnej kuźni, oświetlonej blaskiem żaru. Bracia Brísingar stworzyli Brisingamen z esencji świtu i głębi ziemi, tworząc dzieło sztuki zdolne oczarować serce i wzbudzić nienasycone pożądanie w każdym, kto na nie spojrzy. Każdy klejnot uchwycił światło na różne sposoby, jakby zawierał płomienie, oceany i odcienie lasu jesienią.

Kiedy Freyja, bogini miłości, piękna i płodności, przechodziła obok, przyciągnięta tajemniczym blaskiem emanującym z podziemnej kuźni, wiedziała, że musi posiąść Brisingamen. Wiedziała, że ten naszyjnik symbolizuje wszystko, za czym się opowiadała, a w jego blasku znajdzie niezrównany rezonans i moc.

Cena doskonałości

Ale krasnoludy nie zrezygnowałyby tak łatwo ze swojego arcydzieła. Dostrzegli pragnienie w oczach Freyji i zaproponowali układ, który miał sprawdzić nie tylko jej pokorę, ale także boską godność. Freyja zaakceptowała ich warunki, ponieważ w blasku Brisingamen widziała klucz do swojej chwały i mocy, echo wiecznego piękna samego świata.

Po zapłaceniu ceny żądanej przez krasnoludy, która pozostała tajemnicą wśród bogów, Freyja weszła w posiadanie naszyjnika. Kiedy zapięła Brisingamen na szyi, jej piękno rozświetliło dziewięć światów, przyćmiewając gwiazdy i sprawiając, że kwiaty się rumieniły. Stała się w istocie uosobieniem blasku i pożądania, a jej imię było szeptane z nową czcią i zdumieniem.

Cień pożądania

Jednak posiadanie czegoś o niezrównanym pięknie niosło ze sobą nieoczekiwany ciężar. Wieści o splendorze Brisingamen rozeszły się, wzbudzając zazdrość i pożądanie w sercach na całym świecie. Wśród nich był Loki, bóg psot, którego zazdrość i przebiegłość były dobrze znane. Pożądał naszyjnika nie ze względu na jego piękno, ale ze względu na wpływ, jaki mógł mu zapewnić.

W ciemnościach nowiu Loki przybrał postać cienia i zakradł się do buduaru Freyji, kradnąc Brisingamen, gdy bogini spała. Zabierając go, nie tylko ukradł cenny przedmiot; ukradł część mocy Freyji, symbol jej boskiego statusu.

Poszukiwanie i konfrontacja

Freyja obudziła się, gdy odkryła utratę swojego skarbu i od razu wiedziała, kto jest za to odpowiedzialny. Ziemia zatrzęsła się ze złości, a ona poprzysięgła odzyskać to, co zostało jej odebrane. I tak rozpoczęła się desperacka wyprawa, która zaprowadziła ją przez pustkowia, pod burzliwe głębiny oceanów i do samych bram Hel.

Loki był jednak przebiegły i miał własne plany wobec Brisingamena. Sprowokował niezgodę między bogami, wykorzystując naszyjnik jako pionek w swoich zawiłych intrygach. Światy zostały wstrząśnięte przez wynikłe z tego shenanigany, a każde bóstwo zostało wciągnięte w sieć spisków, ukrytych pragnień i bitew o honor i władzę.

Dążenie Freyji do odzyskania Brisingamen stało się serią wyzwań, z których każde ujawniało nowe warstwy zdrady i starożytnej magii. Spotkała istoty z zapomnianych legend, zdobyła lojalność najdziwniejszych stworzeń i odkryła głębię własnej duszy, determinację i pragnienie przywrócenia integralności.

Odzyskiwanie utraconego odłamka

Ostateczna konfrontacja miała miejsce na równinie, gdzie rzeczywistość i sny połączyły się. Freyja zmierzyła się z Lokim w bitwie woli, przebiegłości i boskiej mocy. Nie byli sami, ponieważ stawka była wyższa niż ich osobista kłótnia; los światów wydawał się wisieć na włosku, związany z losem cennego Brisingamen.

Dzięki pomocy nieoczekiwanych sojuszników i sile, którą zebrała podczas swojej wyprawy, Freyja zatriumfowała. Brisingamen został przywrócony na należne mu miejsce, spoczywając ponownie na jej skórze, a jego niezrównany blask lśnił na całym świecie. Jednak teraz był czymś więcej niż tylko klejnotem; stał się symbolem jej wytrwałości, kruchości piękna i mocy, która leży w dążeniu do odzyskania tego, co zostało utracone.

W sadze Brisingamen rozbrzmiewają echa pożądania, zdrady i odkupienia, przypominając, że najcenniejsze przedmioty niosą ze sobą najbardziej niezwykłe historie. A gdy świat wciąż się zmienia, naszyjnik pozostaje stałym elementem mitologii nordyckiej, błyszczącym punktem w rozległym kosmosie nieśmiertelnych legend.

Poszukiwanie złota przez Andvaranaut

W mrocznych i tajemniczych głębinach Svartalfheimu, gdzie światło z trudem próbuje przeniknąć do wiecznej ciemności, leżał skarb, którego splendor był tak ogromny, jak przerażająca była jego klątwa. Było to złoto Andvaranautów, zazdrośnie strzeżone przez Andvariego, samotnego krasnoluda, który spędzał całe dnie, czasem pod postacią ryby, pływając wśród jego lśniących bogactw.

Legenda zaczyna się na dobre, gdy Loki, bóg psot, angażuje się w nieudany żart, powodując przypadkową śmierć Wydry, syna Hreidmara, który w rzeczywistości był istotą zamienioną w wydrę. Hreidmar, potężny człowiek znany ze swoich czarów, zażądał odszkodowania za tragiczną utratę syna. Poprosił o wystarczającą ilość złota, aby całkowicie pokryć skórę wydry i wypełnić jej wnętrze. Loki, znany ze swoich sztuczek i umiejętności wychodzenia z najbardziej niebezpiecznych sytuacji, zgodził się, wiedząc dokładnie, gdzie znaleźć taki skarb.

W towarzystwie Thora i Odyna, Loki udał się do mrocznych wodospadów Svartalfheimu. Tam, używając sieci dostarczonej przez boginię Rán, schwytał krasnoludzką rybę Andvari. Loki wiedział o reputacji krasnoluda jako posiadacza ogromnego skarbu i zażądał, aby oddał go jako okup za swoją wolność. Niechętnie i z urazą Andvari oddał swoje złoto, ale zatrzymał jeden pierścień, Andvaranaut, który był źródłem jego nieskończonego bogactwa. Bezwzględny Loki również zażądał pierścienia, ignorując ostrzeżenia Andvariego, że skarb jest przeklęty i skazuje każdego, kto go posiada, na życie pełne nieszczęść i zdrady.

Gdy przekazał pierścień, oczy Andvariego rozbłysły mrocznym, niemal triumfalnym blaskiem. "Biada temu, kto otrzyma to złoto i ten pierścień, gdyż będą one źródłem jego ruiny, a niezgoda zapuści korzenie tam, gdzie powinna panować harmonia - przeklął.

Loki, niezrażony i wciąż pewny siebie, wziął przeklęte złoto i wrócił do Hreidmara, spełniając jego żądanie rekompensaty. Jednak gdy tylko złoto znalazło się w posiadaniu Hreidmara, klątwa została aktywowana, siejąc niezgodę między nim a jego dwoma pozostałymi synami, Fafnirem i Reginem. Zaślepieni chciwością, wszyscy pożądali skarbu dla siebie.

Fafnir, najsilniejszy i najbrutalniejszy z nich wszystkich, zdradził i zabił własnego ojca, aby zdobyć złoto. Aby strzec swojego skarbu, przemienił się w przerażającego, ziejącego ogniem smoka i osiadł na górze Gnitahead, aby strzec swojego łupu, siejąc przerażenie w sercach zarówno śmiertelników, jak i nieśmiertelnych.

Regin, przebiegły, ale mniej odważny, starał się zwerbować bohatera, który mógłby zabić Fafnira i przynieść mu skarb. Tym bohaterem był Sigurd, syn szlachetnego rodu, wychowany i wyszkolony pod okiem samego Regina. Sigurd był odważny, silny, a przede wszystkim nieświadomy klątwy, która skaziła złoto, o które miał walczyć.

Jak widzieliśmy w rozdziale poświęconym Sigurdowi, Regin wykuł dla Sigurda miecz tak potężny, że mógł rozłupać kowadło, na którym został stworzony. Z tym mieczem, nazwanym Gram, Sigurd zmierzył się z Fafnirem w bitwie, która wstrząsnęła ziemią i niebiosami, kończąc się przerażającą śmiercią smoka. Przed wydaniem ostatniego tchnienia Fafnir ostrzegł Sigurda przed klątwą złota i pierścienia, radząc mu, aby się ich pozbył. Ale ostrzeżenie przyszło za późno, ponieważ Sigurd już dotknął przeklętego skarbu.

Regin, w swojej chciwości, nakazał Sigurdowi przynieść mu serce Fafnira do zjedzenia, myśląc, że da mu to wielką mądrość. Jednak przez zrządzenie losu, a może przez samą klątwę, Sigurd skosztował smoczej krwi i natychmiast został obdarzony zdolnością rozumienia języka ptaków.

Usłyszał, jak małe ptaszki przemawiają, ujawniając zdradzieckie zamiary Regina i radząc Sigurdowi, by go zabił, zanim zostanie zdradzony. Z ciężkim sercem Sigurd podjął najtrudniejszą decyzję i zabił swojego mentora, zostawiając siebie samego z przeklętym złotem.

Sigurd opuścił to miejsce z ciężkim sercem i skarbem, który spowodował tyle śmierci i spustoszenia. Pomimo jego wielkiej sławy jako pogromcy smoków i wielu zwycięstw, klątwa złota Andvaranaut podążała za nim. W jego życiu pojawiła się ścieżka zdrady, bólu serca i tragicznej śmierci, która ostatecznie doprowadziła go do katastrofalnego końca, udowadniając, że klątwa Andvari jest równie wieczna jak samo złoto.

Ta opowieść, równie mroczna, co satysfakcjonująca, przypomina nam, że chciwość i żądza bogactwa poza naszym zrozumieniem może często prowadzić do naszej własnej ruiny. Sigurd, bohater wśród ludzi, nie uniknął mroku, który towarzyszy tym, którzy szukają bogactwa ponad swoje potrzeby - temat ten rozbrzmiewa przez wieki i w sercach ludzi, nawet dzisiaj.

Część VI: Mądrość Runów

STAROŻYTNY ALFABET: FUTHARK

Pod zasłonami przeszłości, gdzie spoczywają zapomniane tajemnice i sekrety przodków, leży system symboli wyryty w pamięci świata: Futhark. Ten runiczny alfabet, nie stworzony ludzkimi rękami ani nie podarowany przez bogów, istniał na długo przed tym, jak pierwsze pieśni rozbrzmiały echem w salach nordyckich wojowników. Runy są czymś więcej niż tylko pismem; są żywymi bytami, oddychającymi mądrością wszechświata, który był starożytny na długo przed tym, jak gwiazdy zabłysły na nocnym niebie.

Na mroźnej północy, gdzie drzewa z trudem wznoszą się ponad rzadkie promienie słońca, starożytni Wikingowie postrzegali runy jako fragmenty nieskończoności, klucze zawierające prawdy wykraczające poza ludzkie zrozumienie. Runy były używane nie tylko do komunikacji, ale także jako duchowe kompasy i narzędzia wróżbiarskie, prowadzące ludzi przez burzliwe wody istnienia.

Futhark, termin pochodzący od pierwszych liter tego alfabetu - F, U, Þ, A, R i K - był zestawem dźwięków i symboli, które razem tworzyły język, za pomocą którego starożytni Nordycy wyryli swoją historię w kamieniu, drewnie i metalu. Każda runa była czymś więcej niż literą; była wibracyjną reprezentacją kosmicznej siły, eterycznym odciskiem energii życiowej, która ożywia Wszechświat.

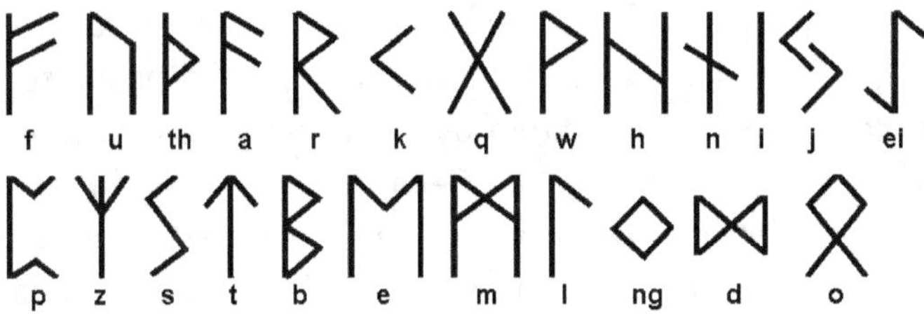

Geneza tego alfabetu pozostaje owiana mgłą czasu. Jednak sagi opowiadają o mitycznym wydarzeniu, kiedy Odyn, główny bóg nordyckiego panteonu, złożył siebie w ofierze. Wisząc na wielkim drzewie świata, Yggdrasil, przebity własną włócznią, Odyn doświadczał agonii śmierci przez dziewięć długich dni i nocy. To właśnie tam, w głębi cierpienia i na samym skraju istnienia, ujrzał runy. Sięgnął po nie w ostatnim zrywie życia i zabrał je ze sobą do świata śmiertelników.

Symbole te zostały podzielone na trzy grupy po osiem, znane jako ættir. Pierwszy ætt, czyli rodzina, odnosił się do codziennego życia ludzi, ich konfliktów i zwycięstw. Drugi ætt dotyczył szerszych elementów, takich jak kosmos i siły natury. Trzeci i ostatni ætt był najbardziej tajemniczy, odnoszący się do tajemnic życia, śmierci i tego, co istnieje poza zasłoną postrzegalnej rzeczywistości.

Fehu, pierwsza runa, reprezentowała bogactwo materialne i związane z nim obowiązki.

Uruz symbolizował brutalną siłę, zarówno fizyczną, jak i psychiczną, dziką, nieokiełznaną energię. Thurisaz, runa olbrzyma i młota Thora, była znakiem aktywnej ochrony i niszczycielskiej mocy. Ansuz, oddech samego Odyna, był runą boskiej mądrości, słów wypowiadanych i rad szeptanych przez wiatr. Raidho sugerował podróż, ścieżkę, którą należy podążać zarówno dosłownie, jak i w przenośni. Kenaz był pochodnią, która oświetla drogę, wiedzą, która rozprasza ignorancję. Gebo, oznaczające dar, reprezentowało równowagę wymiany, zasadę wzajemności, która utrzymuje harmonię w relacjach. Wunjo zamknął pierwszy ætt radością, satysfakcją z osiągniętych zwycięstw i braterskimi więzami.

Złożoność i głębia Futharku nie kończyła się na tych znaczeniach. Każda runa była światem samym w sobie, a ich moc mogła być przywoływana tylko przez tych, którzy żyli w harmonii z siłami, które reprezentowały. Mistrzowie run, mężczyźni i kobiety, którzy poświęcili życie na rozszyfrowanie ich tajemnic, byli zdolni do wyczynów, które zwykli śmiertelnicy uważali za magiczne. Nie tylko czytali runy, ale komunikowali się z nimi, nawiązując dialog z siłami Wszechświata.

Jednak moc run nie była pozbawiona niebezpieczeństw. Sagi i poematy epickie pełne są opowieści o tych, którzy w swej arogancji próbowali zdominować runy, nie rozumiejąc ich w pełni. Te mroczne ostrzeżenia mówią o fatalnych losach, szaleństwie trawiącym ducha i śmierci bez honoru.

Wraz z pojawieniem się chrześcijaństwa i związanymi z nim zmianami kulturowymi i językowymi, używanie Futharku zaczęło zanikać. Jednak te starożytne symbole nie chcą zostać zapomniane. Nawet dziś, wieki po tym, jak ostatnie pieśni runiczne były śpiewane w tętniących życiem salach Wikingów, runy nadal wywierają swoją fascynację. Są na nowo odkrywane, badane i szanowane nie tylko jako starożytna forma pisma, ale także jako system duchowego, psychologicznego i kosmologicznego zrozumienia.

Futhark, ze swoją enigmatyczną mądrością i ponadczasowymi prawdami, cierpliwie czeka na nowych poszukiwaczy, gotowych poznać jego sekrety. Oferuje bezpośrednie połączenie z pierwotnymi energiami Wszechświata, dziedzictwem, które szepcze do ludzkości z głębi czasu, zapraszając nas do pamiętania i odkrywania tajemnic, o których dawno zapomnieliśmy.

EDDY I SAGI

W tyglu czasu, gdzie mit i rzeczywistość stapiają się w niewyraźną mgłę, Eddy i nordyckie sagi stoją jak ogromne monolity, świadcząc o bogactwie kulturowym starożytnej cywilizacji. Opowieści te, zrodzone w przenikliwym zimnie Północy i ogrzane płomieniami ognisk, wokół których gromadzili się wojownicy, są cichymi strażnikami mądrości, bohaterstwa i wierzeń minionej epoki.

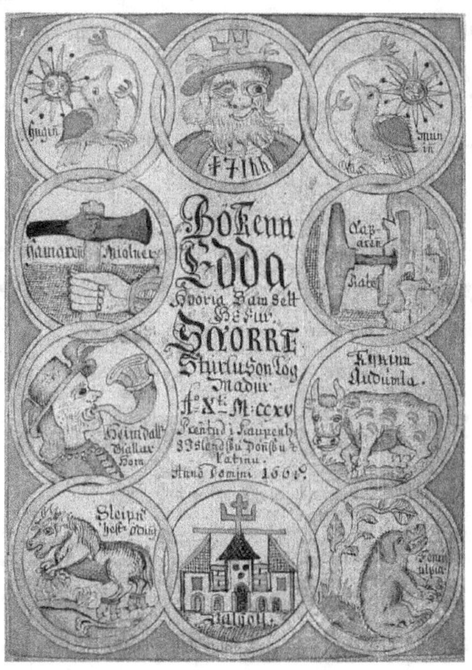

Eddy, święte teksty, są filarami, na których opiera się mitologia nordycka. Są one podzielone na dwa odrębne, ale uzupełniające się zbiory: Edda Poetycka (Edda Starsza) i Edda Prozatorska (Edda Młodsza), przypisywane

Snorriemu Sturlusonowi. Razem tworzą one złożoną sieć poezji i prozy, przedstawiając wszechświat, w którym bogowie kroczą ramię w ramię z ludźmi, gdzie losy pisane są na długo przed narodzinami, a akty odwagi rozbrzmiewają przez wieczność.

Edda poetycka to zbiór starożytnych islandzkich wierszy, które urzekają słuchaczy opowieściami o tragedii, triumfie i nadludzkich wyczynach. Wersety te były niegdyś recytowane przez skaldów, poetów tamtych odległych czasów, których głosy niosły się przez góry i fiordy, wplatając historie w samą tkankę rzeczywistości. Znajdziemy tu opowieści o bogach, gigantach, mitycznych stworzeniach i bohaterach, których imiona przetrwały nieubłagany upływ czasu.

Z drugiej strony, Edda prozą to XIII-wieczne dzieło, podręcznik poetyki, któremu towarzyszy kompilacja mitologii i bohaterskich opowieści. Jej autor, Snorri Sturluson, islandzki polityk i uczony, postanowił zachować te starożytne historie, nie tylko po to, by kształcić młodych skaldów, ale także by je zapisać, zanim znikną we mgle zapomnienia.

Podczas gdy Eddy są świętymi i mitologicznymi tekstami, sagi są opowieściami rodowymi, eposami i relacjami z życia i czasów starożytnych Skandynawów. Są to kroniki historii, łączące prawdziwe wydarzenia z elementami folkloru i mitologii, tworząc epickie opowieści, które urzekają i inspirują od wieków.

Sagi te obejmują opowieści rodzinne, które opowiadają historię dynastii Wikingów, ich kłótnie, podróże i dążenie do chwały. Inne, takie jak sagi królewskie, opowiadają o życiu skandynawskich królów, ich podbojach, porażkach i mądrości. Jeszcze inne, takie jak sagi islandzkie, są cennymi kronikami kolonizacji Islandii, krainy lodu i ognia.

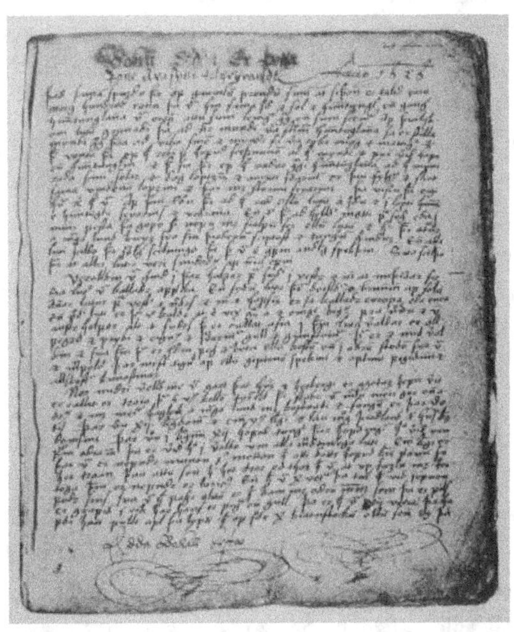

Szczególnie niezwykłą sagą jest ta o Völsungu, włączona do Eddy Poetyckiej. Opowiada ona historię rodu Völsungów, zaczynając od samego boskiego króla Odyna i kontynuując przez pokolenia. Zawiera tragiczną opowieść o Sigurdzie, pogromcy smoków, przeklętym skarbie Nibelungów i straszliwym losie, jaki spotyka tych, którzy są związani z tym krwawym złotem.

Saga o Egilu, opowieść o życiu Egila Skallagrimssona, skalda i wojownika, to kolejne arcydzieło średniowiecznej literatury. Jego historia to historia człowieka o wielu obliczach, poety zdolnego do tworzenia wzniosłych strof, ale także przerażającego wojownika, a czasem okrutnej istoty. Złożoność charakteru Egila, jego inteligencja, szaleństwo i głębokie człowieczeństwo sprawiają, że ta saga jest fascynującą i pouczającą lekturą.

Każda saga, każdy wers Eddy, niesie ze sobą tchnienie życia z czasów, gdy bogowie przemierzali Ziemię, gdy giganci przeciwstawiali się niebiańskim mocom, gdy magia była tak realna jak stal mieczy i gdy odwaga miała moc zmieniania świata. Te historie są fragmentami ludzkiej duszy, odzwierciedlającymi nasze lęki, nasze pragnienia, naszą odwagę i nasze dążenie do czegoś większego niż my sami.

Poza bitwami i wyczynami, Eddy i sagi mówią o honorze, lojalności, mądrości, miłości i poświęceniu. Pokazują świat, w którym działania mają konsekwencje, gdzie przysięgi wiążą losy i gdzie jeden człowiek może stanąć przeciwko samym bogom. Te historie, choć zakorzenione w konkretnym czasie i miejscu, rezonują z uniwersalnymi tematami, przekraczając bariery epoki i kultury.

Dziś, gdy zagłębiamy się w te starożytne teksty, czujemy ciężar wieków. Słyszymy echa dawnych wojowników, widzimy kolory zaginionych światów i uczymy się starożytnych melodii, które inspirowały mężczyzn i kobiety do życia godnego legendy. Eddy i sagi otwierają drzwi do przeszłości, zapraszając nas do podążania ścieżkami historii i poczucia mocy i pasji tych epickich opowieści.

A gdy te starożytne słowa rozwijają się przed naszymi oczami, rozumiemy, że historie, mitologia i sny ludów nordyckich nie są po prostu opowieściami zamrożonymi w kamieniu i czasie. Są żywe, oddychają siłą burz i mądrością gwiazd. Są lustrem, w którym możemy zobaczyć nasze własne życie, nasze zmagania, nasze zwycięstwa i nasze straty.

Oto dar Edd i sag: nieśmiertelne dziedzictwo słów i cudów, czekające cierpliwie, aż odkryjemy prawdy ukryte w ich opowieściach, lekcje życia i śmierci oraz ponadczasową odwagę ludzkiego ducha.

WNIOSKI

Kiedy zamykamy strony tej wspólnej podróży przez wieki, zostawiamy za sobą zimowe krainy, grzmiące bitwy oraz nieśmiertelnych bogów i boginie, którzy zaludnili nasze legendy i napędzali naszą wyobraźnię. W mitologii nordyckiej odkryliśmy wszechświat nie tylko wspaniały i tajemniczy, ale także lustro odbijające ludzkość we wszystkich jej niuansach: odwadze, zdradzie, miłości, poświęceniu i niekończącym się dążeniu do chwały i mądrości.

Razem podróżowaliśmy przez ziemie Yggdrasil, Drzewa Świata, będąc świadkami splecionych losów ludzi i bogów. Zadrżeliśmy na myśl o opowieści o Ragnarök, nie tylko historii końca i spustoszenia, ale także potężnym symbolu odporności i odnowy. Poprzez zmierzch bogów dowiedzieliśmy się, że nawet w najmroczniejszych opowieściach jest światło, nadzieja na odrodzenie i nowy początek.

Każda historia i każda postać w mitologii nordyckiej dała nam wgląd w wartości i przekonania ludu, dla którego honor, determinacja i wytrwałość były filarami egzystencji. Od majestatycznych bogiń i bogów, takich jak Odyn, Thor, Freyja i Loki, po legendarne stworzenia i potwory zamieszkujące różne światy, każda historia wzmocniła zrozumienie, że w swoich wadach i triumfach mityczne postacie były upiększonymi odbiciami nas samych.

Bohaterowie i bohaterki, tacy jak Sigurd, Walkirie i Beowulf, nie są po prostu postaciami z odległych legend, ale wiecznymi ucieleśnieniami naszych własnych zmagań i marzeń. Przypominają nam, że odwaga to nie brak strachu, ale chęć stawienia czoła przeciwnościom, że wielkość leży w naszych działaniach i poświęceniach dla innych.

Wspólnie rozszyfrowaliśmy również mistyczną mądrość run i rozpoznaliśmy w epickich sagach, Eddach, głębokie pragnienie wiedzy i zrozumienia świata. Te starożytne opowieści, choć są wytworem określonego czasu i kultury, wciąż rezonują, dając świadectwo uniwersalnym pytaniom, które jednoczą ludzkość na przestrzeni wieków.

Ale czym byłaby ta konkluzja bez spojrzenia w przyszłość? Mitologia nordycka, z jej cyklem śmierci i odrodzenia, uczy nas, że koniec jest często początkiem. Historie, choć starożytne, nadal żyją i oddychają w naszej sztuce, literaturze, filmach, a nawet w naszych codziennych rozmowach. Zapraszają nas do zadawania pytań, odkrywania i snucia marzeń.

Zamykając ten tom, pamiętajmy, że koniec każdego rozdziału niesie ze sobą obietnicę nowych i fascynujących opowieści. Legendy mitologii nordyckiej nie są zwykłymi reliktami przeszłości, ale żywym dziedzictwem, nieustającym źródłem inspiracji, które rzuca nam wyzwanie, by słuchać, uczyć się i opowiadać własne historie.

Niech ta książka nie będzie końcem historii, ale otwartymi drzwiami do świata, w którym bogowie wciąż chodzą wśród nas, gdzie smoki latają nad burzliwymi morzami, a bohaterowie odpowiadają na wezwanie nieznanych losów. Szepty z przeszłości zapraszają nas do kontynuowania przygody, do poszukiwania magii w naszym codziennym życiu i do przyjęcia niezwykłości, która kryje się w każdym micie, legendzie i śnie.

Dziękujemy za podróż przez te nieśmiertelne opowieści. Oby sagi mitologii nordyckiej nadal inspirowały, rozbudzały ciekawość i pomagały tworzyć własne eposy.

PODZIEKOWANIA

Chciałbym wyrazić wdzięczność wszystkim tym, którzy umożliwili powstanie tej książki. Wielu badaczom i autorom, którzy zachowali i zinterpretowali te mity na przestrzeni wieków. Zespołowi redakcyjnemu, który starannie przygotował każdą stronę tej książki. A przede wszystkim wam, drodzy czytelnicy, za zainteresowanie i pasję do tych historii, które fascynują nas od tysiącleci.

Podziel się swoją szczerą opinią na Amazon!

Wasze sugestie i krytyka są nieocenione.

Sprawiają, że każde doświadczenie czytelnicze jest jeszcze bardziej satysfakcjonujące!

Bardzo dziękuję za przeczytanie mojej książki.

Życzę ci wszystkich sukcesów, na które zasługujesz!